100 spannende Fragen aus der Welt des Tennis

Allgemeiner Hinweis:

Aus Gründen der besseren Lesbarkeit haben wir uns entschlossen, durchgängig die männliche (neutrale) Anredeform zu nutzen, die selbstverständlich die weibliche mit einschließt.

CHRISTIAN ALBRECHT BARSCHEL

100 SPANNENDE FRAGEN AUS DER WELT DES TENNIS

MEYER & MEYER VERLAG

100 spannende Fragen aus der Welt des Tennis

Bibliografische Information der Deutschen Bibliothek
Die Deutsche Bibliothek verzeichnet diese Publikation in der Deutschen Nationalbibliografie; detaillierte bibliografische Details sind im Internet über <http://dnb.ddb.de> abrufbar.

Auckland, Beirut, Dubai, Hägendorf, Hongkong, Indianapolis, Kairo, Kapstadt, Manila, Maidenhead, Neu-Delhi, Singapur, Sydney, Teheran, Wien
Member of the World Sport Publishers' Association (WSPA)
Druck: CPI – Clausen & Bosse, Leck
ISBN 978-3-8403-7744-0
E-Mail: verlag@m-m-sports.com
www.dersportverlag.de

INHALT

VORWORT

Andre Agassi schrieb einst in seiner Biografie: „Tennis ist wie die Sprache des Lebens: Vorteil, Aufschlag, Fehler, Break, Liebe. Jedes Match ist ein Leben im Kleinen." Ein wahres Wort von Steffi Grafs Ehemann.

Agassi ist auch eines von vielen Themen in diesem Buch, in dem 100 spannende Fragen aus der Welt des Tennis beantwortet werden. Wie knackte Agassi, der damalige Paradiesvogel des Tennis, erfolgreich den Boris-Becker-Code und war dadurch so überaus erfolgreich gegen das deutsche Aushängeschild? Die Antwort auf diese Frage könnte Sie genauso verblüffen wie die Frage, ob der Erfolg im Tennis tatsächlich in den Sternen liegt.

Sie glauben, Sie sind der absolute Tennisexperte und wissen alles über den „weißen Sport"? Dann ist dieses Buch genau das Richtige für Sie, um Ihr Wissen zu überprüfen und von Episoden, Begriffen und Rekorden zu lesen, die Ihnen vielleicht noch völlig unbekannt waren.

- Seit wann gibt es gelbe Tennisbälle?
- Was ist ein Wooden Spoon?
- Warum wird im Tennis so viel gestöhnt?
- Wie lange dauerte der längste Ballwechsel?
- Warum ist eine goldene Ananas auf dem Wimbledon-Pokal?
- Was hat Anna Kournikova mit Poker zu tun?
- Und war der erste Wimbledon-Titel von Boris Becker tatsächlich Schicksal?

Auf diese und viele weitere spannende Fragen erhalten Sie eine Antwort mit vielen kuriosen und bizarren Geschichten aus der Welt Tennis. Ich wünschen Ihnen viel Vergnügen beim Lesen mit hoffentlich einigen Aha- und Oho-Effekten – nach dem Motto von Björn Borg: „Der Ball ist rund. Das Spiel ist lang."

Christian Albrecht Barschel

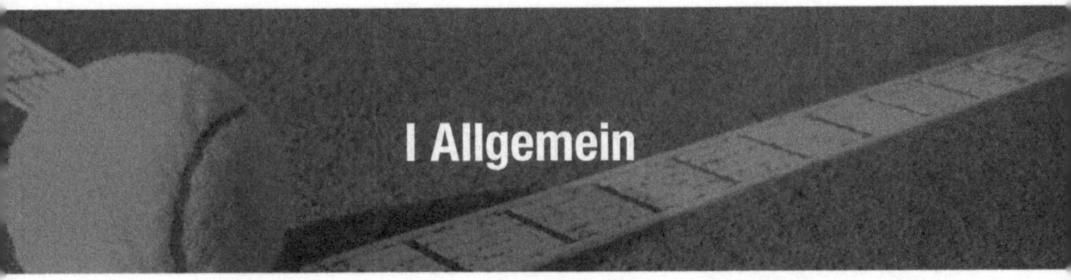

I Allgemein

1. Woher stammt das Wort Tennis?

Tennis. Mit diesem Wort kann weltweit jeder etwas anfangen. Es bedarf keiner Übersetzung ins Englische oder in eine andere Sprache, um zu verstehen, was mit Tennis gemeint ist. Tennis ist ein Universalbegriff.

Doch woher stammt die Bezeichnung Tennis für diesen schönen und vielseitigen Sport überhaupt? Über die genaue Herkunft des Wortes gibt es bis heute einige Unklarheiten. Es gibt die Theorie, dass zwei ehemalige Städte mit dem Namen „Tinnis", eine in Ägypten im Nildelta sowie eine in Nordfrankreich, als Namensgeber dienten. Eindeutige Belege für diese Namenstheorie gibt es allerdings keine.

Viel logischer kommt hingegen folgende Begründung für die Bezeichnung Tennis daher. Es wird angenommen, dass Tennis aus dem altfranzösischen Wort „tenez" abgeleitet ist. In Frankreich soll auch der Ursprung des Spiels liegen. „Tenez" bedeutet „haltet" oder „nimm an".

Mit dem Wort „tenez", das vom Aufschläger gerufen wurde, soll der Gegner dazu aufgefordert worden sein, in der bevorstehenden Attacke seine Stellung zu behaupten. Demnach soll das Wort Tennis bedeuten, den Ball zu halten oder anzunehmen.

Woher auch immer der Begriff Tennis entsprungen ist, eines ist sicher: Tennis ist die beliebteste Rückschlagsportart, die es auf der Welt gibt und wird von mehr als eine Milliarde Fans geschaut.

2. Seit wann wird Tennis gespielt?

Tennis ist nicht nur die schönste Sportart der Welt, sondern auch eine der ältesten. Über die Entstehung des Tennissports gibt es Uneinigkeiten. Einige Sporthistoriker vermuten, dass Tennis 3.500 Jahre vor Christus im alten Ägypten entsprungen ist. Denn das Wort Racket (Deutsch: Schläger) soll vom arabischen Wort „Rahat" abgeleitet sein. Das Wort „Rahat" bedeutet „Fläche der Hand".

Viel gängiger ist jedoch die Theorie, dass im 11. oder 12. Jahrhundert in Klöstern in Frankreich erstmals eine Art Tennis gespielt wurde. Die Spielform hieß *Jeu de Paume*. Der Name leitete sich aus den lateinischen Wörtern „palma" und „paulmer" (springen) und vom altfranzösischen Wort „paulme" (Handfläche) her.

Beim Jeu de Paume wurde mit der flachen Hand, ohne Schläger, mit einem Leder- oder Korkball beziehungsweise einem lederumwickelten Korkball gespielt. Das Spiel wurde im Freien sowie in offenen oder überdachten Höfen praktiziert. Jeu de Paume war zunächst nur den Adeligen vorbehalten. Da normale Bürger keinen Zutritt zu Spielflächen hatten, gründeten diese im Jahr 1405 die ersten öffentlichen Tennisclubs.

Im Jahr 1464 fand schließlich mit zwei Mannschaften das erste Tennisturnier der Geschichte in Brügge in Belgien statt. Mit Beginn des 16. Jahrhunderts wurden dann vermehrt Schläger benutzt, um Jeu de Paume zu spielen. Der Begriff Tennis für diese Rückschlagsportart begann seinen Siegeszug. Tennis wurde zu einem königlichen Sport in ganz Europa.

Im Bühnenstück „Heinrich V." von William Shakespeare wurde der Sport namentlich erwähnt. Der König von England, Heinrich VIII., war ein begeisterter Tennisspieler und ließ sich im Hampton Court Palace einen eigenen Platz anlegen. Der Legende nach soll Heinrich VIII. Tennis gespielt haben, als er von der Hinrichtung seiner zweiten Frau Anne Boleyn erfahren hat.

Im Jahr 1874 wurde Tennis schließlich modernisiert. Verantwortlich dafür war Major Walter Clopton Wingfield. Der Brite ließ sich am 23. Februar 1874 das mit dem Namen „Sphairistike" (griechisch für Ballspiel) bezeichnete tragbare Tennisspiel patentieren. Der griechische Begriff „Sphairistike" setzte sich jedoch nie durch, man sprach stattdessen vom „Lawn Tennis" (Rasentennis).

Wingfield machte mit seinem Patent Tennis einer breiten Masse zugänglich. Sein Clou: Er bot eine Box an, die Bälle, ein Netz, Pfosten, Schläger, Linienmarker und eine Spielanleitung enthielt. Damit sollten die Engländer auf ebenen Rasenflächen Tennis spielen können.

Wingfields Plan ging auf: Die Menschen kauften seine Box und seitdem hat sich das moderne Tennis zu einer der wichtigsten Sportarten weltweit entwickelt. Drei Jahre nach Wingfields Patent wurde im Jahr 1877 erstmals das Tennisturnier in Wimbledon ausgetragen.

3. Wie entstand die Zählweise im Tennis?

Die Tennislegende Rod Laver sagte einst: „Dein Spiel ist am verwundbarsten, wenn du in Führung bist. Lasse nie nach." Die Schwierigkeit im Tennis besteht unter anderem darin, dass man eine erspielte Führung wie beispielsweise im Fußball oder anderen Sportarten, die eine zeitliche Befristung haben, nicht verwalten kann.

Als Läufer kann ich bei einem großen Vorsprung das Tempo etwas rausnehmen, als Tennisspieler muss ich stets mit dem Fuß das Gaspedal durchdrücken, um zu gewinnen. Auch wenn ich 5:0, 40:0 im entscheidenden Satz führe, heißt das nicht, dass ich auch als Sieger den Platz verlassen werde. Im Tennis kann ich zwar insgesamt mehr Punkte im Match machen als mein Gegner, aber am Ende trotzdem als Verlierer vom Platz gehen. Der Grund: die besondere Zählweise im Tennis.

Um einen Satz zu gewinnen, braucht es sechs Spielgewinne mit zwei Spielen Vorsprung. Um ein einzelnes Spiel zu machen, braucht es mindestens vier Punktgewinne sowie zwei Punkte Vorsprung. Die Zählweise im Tennis ist anders im Vergleich zu anderen Rückschlagsportarten wie

Tischtennis oder Badminton. 0, 15, 30, 40, Einstand, Vorteil, Spielgewinn. An die Fachsprache und die Zählweise im Tennis muss man sich als Neuling erst einmal gewöhnen.

Gewinne ich als Aufschläger die ersten zwei Punkte, steht es 30:0 für mich. Erspielen sich sowohl der Aufschläger als auch der Rückschläger drei Punkte in einem Spiel, heißt der Spielstand Einstand.

Doch wie entstand die außergewöhnliche Zählweise im Tennis? Der Ursprung der Zählweise wird, wie schon der Begriff Tennis, in Frankreich vermutet. Demnach soll früher gerne um Geld gespielt worden sein. Der Wetteinsatz soll pro Punkt einen „gros denier", der wiederum 15 „deniers" wert war, betragen haben. So ging es weiter von 15, 30, 45 bis zur 60, was schließlich den Gewinn oder Verlust des Aufschlagspiels bedeutete.

Anstatt der Zahl 60 wurde schließlich der Begriff „jeu" für den Spielgewinn gerufen. Die Zahl 45 wurde durch die Zahl 40 wegen der kürzeren Aussprache ersetzt, nachdem Tennis auch in Großbritannien immer populärer wurde.

Eine weitere Theorie zur Zählweise hat mit den Linien auf dem Spielfeld zu tun. So sollen die Spieler nach jedem Punktgewinn einen Streifen in Richtung Netz rücken. Die Streifen befanden sich jeweils in 15-Zoll-Abstand und das Tennisspiel begann an der 0-Zoll-Linie. Auch hier soll bei der Zählweise aus der 45 eine 40 gemacht worden sein, weil die 45-Zoll-Linie zu dicht am Netz war. Es gibt noch eine Besonderheit bei der Zählweise, und zwar im Englischen. Während der Spielstand 0 in einem Aufschlagspiel in der deutschen, französischen, spanischen oder italienischen Zählweise als Null bezeichnet wird, heißt es in der englischen Zählweise „Love" (Liebe).

Doch woher stammt der für den Tennissport so charakteristische Ausspruch „Love"? Auch hier gibt es einige Theorien. Das Wort „Love" soll aus dem französischen Begriff „l'oeuf" (das Ei) entlehnt sein. Die runde Form des Eis soll an die Ziffer 0 erinnern.

Eine mittlerweile weitaus gängigere Theorie besagt, dass der Ursprung des Begriffs „Love" in der Bezeichnung „to do something for love" (etwas umsonst tun) liegt. Ein Spiel, bei dem der Gegner null Punkte erzielt hat, heißt daher auch Love Game. Eine Legende besagt zudem, dass viele Niederländer früher aus religiösen Gründen nach England vertrieben wurden und im Tennis nicht wie üblich um Geld, sondern umsonst, also nur um die Ehre und der Liebe wegen spielten. So könnte der Begriff „Love" aus dem Niederländischen „iets voor lof doen" (es wird aus Liebe getan) stammen.

4. Wie schwer muss ein Tennisball sein?

Im Mittelalter waren Tennisbälle aus Leder gemacht und waren gefüllt mit Wolle oder Haaren. Inzwischen ist die Herstellung von Tennisbällen eine Wissenschaft für sich. Mittlerweile ist der Tennisball mit einer Filzschicht umhüllt. Unter dem Filz befindet sich der Ballkern, der hauptsächlich aus Naturgummi hergestellt wird.

Mehrere Hundert Millionen Tennisbälle werden jährlich produziert. Der Tennisweltverband ITF (International Tennis Federation) hat sechs Spezifikationen benannt, damit ein Tennisball für den Wettkampfbetrieb bei den Erwachsenen zugelassen wird. Darunter fällt die Farbe des Tennisballs, die zwingend gelb oder weiß sein muss.

Es gibt insgesamt vier Balltypen, die unterschieden werden: Typ 1 (schnell), Typ 2 (medium), Typ 3 (langsam) und ein Ball für Orte mit großen Höhenlagen (mehr als 1.219 Meter über dem Meeresspiegel). Laut Bestimmungen der ITF muss jeder dieser Balltypen zwischen 56 Gramm und 59,4 Gramm wiegen. Der Durchmesser des Tennisballs muss mehr als 6,54 Zentimeter und weniger als 6,86 Zentimeter betragen. Bei den langsamen Bällen (Typ 3) sind es 7,00 Zentimeter bis 7,30 Zentimeter.

Die Absprunghöhe eines Tennisballs ist ein weiterer Punkt, der reguliert ist. Bei Typ 1 muss die Sprunghöhe mehr als 135 Zentimeter und weniger als 151 Zentimeter aufweisen, wenn der Tennisball aus einer Höhe von

2,54 Metern auf eine ebene, harte Fläche fallen gelassen wird. Typ 2 und Typ 3 müssen eine Sprunghöhe von 135 bis 147 Zentimetern haben. Bei Bällen für große Höhenlagen ist eine Sprunghöhe von 122 bis 135 Zentimetern erforderlich.

Es gibt zwei Arten von Tennisbällen: Bälle mit Innendruck und drucklose Bälle. Bei Profiturnieren kommen in der Regel Druckbälle zum Einsatz, die während eines Matches regelmäßig ausgetauscht werden, da die Druckbälle nach einiger Zeit ihr Sprungvermögen verlieren. Die drucklosen Bälle haben eine dickere Gummihülle, bei denen kein Innendruck entsteht. Sie sind dadurch langlebiger, wiegen aber mehr als die Druckbälle.

Bleibt noch die Frage zu klären, warum der Tennisball mit einer Filzschicht ummantelt ist. Der Filz wird benutzt, um die Haltbarkeit sowie die Sprung- und Flugeigenschaften eines Tennisballs zu verbessern. Der Filz hat auch haptische Gründe, da sich Filz angenehmer anfühlt als das Gummi. Zum anderen schützt der Filz das darunterliegende Gummi vor Abrieb.

Am wichtigsten ist allerdings die Flugeigenschaft. Wenn ein Tennisball nicht so filzig wäre, würde er dermaßen durch die Luft sausen und das Tennisspielen extrem erschweren. Der Filz verlangsamt also die Fluggeschwindigkeit des Balls. Je flockiger der Filz ist, desto mehr Luftwiderstand bietet der Ball. Durch den Filz prallt der Ball etwas weicher auf den Boden auf und springt nicht so hoch ab wie ohne Filz. Der Filz ermöglicht es den Spielern, den Tennisball zu kontrollieren und die Flugkurve besser zu beeinflussen.

5. Seit wann gibt es gelbe Tennisbälle?

Tennis ist als „weißer Sport" bekannt, da jahrzehntelang ausschließlich in weißer Kleidung gespielt wurde. Und auch die Tennisbälle waren über viele Jahre hinweg größtenteils weiß, auch wenn gelegentlich mit schwarzen Bällen gespielt wurde. Dies änderte sich mit Durchbruch des Farbfernsehens.

Der Tennisweltverband ITF beschloss im Jahr 1972, gelbe Tennisbälle einzuführen. In einer Studie hatte man festgestellt, dass weiße Tennisbälle im Fernsehen schwer zu erkennen und gelbe Tennisbälle viel besser für die Zuschauer am Fernseher geeignet sind. Maßgeblich für die weltweite Einführung gelber Tennisbälle war vor allem der frühere Spieler Mike Davies, der die Profitour-Serie World Championship Tennis leitete, die damals in Konkurrenz zu der 1972 gegründeten Herrenorganisation ATP stand.

Davies experimentierte bei den Turnieren der World Championship Tennis mit innovativen Ideen, um Tennis attraktiver für das Fernsehpublikum zu machen. Neben der Einführung des Tiebreaks und der Verpflichtung, dass Spieler bunte Kleidung zu tragen haben, führte Davies in seiner Turnierserie auch gelbe Tennisbälle ein. Die Experimente wurden ein voller Erfolg, sodass sich der Tennisweltverband ITF gezwungen sah, ab sofort bei den meisten Turnieren mit gelben Tennisbällen zu spielen.

Auch wenn weiße Tennisbälle weiterhin hergestellt werden, war der Siegeszug von gelben Tennisbällen nicht mehr aufzuhalten. Obwohl das Wimbledon-Turnier bereits im Jahr 1967 erstmals in Farbe ausgestrahlt wurde, sträubten sich die Veranstalter jahrelang, in Wimbledon mit gelben Tennisbällen zu spielen. Erst im Jahr 1986 wurde auf dem heiligen Rasen in Wimbledon erstmals mit gelben Tennisbällen gespielt. Das Wimbledon-Finale 1985 zwischen Boris Becker und Kevin Curren war das letzte Match bei einem großen Turnier, das mit weißen Tennisbällen gespielt wurde. Und es war gleichzeitig dank des Wimbledon-Titels von Becker der Auslöser für den Tennisboom in Deutschland.

6. Wie entwickelten sich Tennisschläger?

Wie bereits geschildert, wurde Tennis im Vorläufer *Jeu de Paume* zunächst nur mit der Hand gespielt. Ende des 15. Jahrhunderts entstanden die ersten Tennisschläger aus Holz, die zunächst mit Pergament und ab dem 16. Jahrhundert mit Darmsaiten bespannt wurden. Der Tennisschläger gilt seitdem als „der verlängerte Arm" des Spielers.

Holz war jahrhundertelang das Material, aus dem ein Tennisschläger produziert wurde. Um ein Racket herzustellen, musste man damals einen ganzen Baum fällen. Bis zum Jahr 1963 wurden alle Profischläger aus Holz hergestellt. Diese wogen in der Regel etwa um 400 Gramm und hatten eine Schlagfläche von circa 420 Quadratzentimetern.

Der ehemalige französische Profi René Lacoste sorgte schließlich für eine Revolution. Lacoste erfand den ersten Tennisschläger mit Metallrahmen, der aus Edelstahl oder Aluminium bestand, und ließ sich seine Erfindung patentieren. Billie Jean King gelang bei den US Open 1967 eine Premiere. Sie gewann das Turnier mit einem Schläger aus Edelstahl und wurde die erste Grand-Slam-Siegerin mit einem nicht aus Holz gefertigten Racket.

In den 1970er-Jahren kamen die ersten Schläger aus glasfaser- und kohlefaserverstärktem Kunststoff auf den Markt. Seit den 1980er-Jahren wird bei der Schlägerherstellung hauptsächlich Graphit eingesetzt. Moderne Tennisschläger, welche von Profispielern genutzt werden, sind um einiges leichter als Holzschläger und haben ein Gewicht zwischen 300 bis 360 Gramm. Die Schlagfläche beträgt zwischen 570 und 645 Quadratzentimeter.

Die Evolution in der Schlägertechnologie hat zum einen dazu geführt, dass Tennis immer schneller und kraftvoller sowie mit deutlich mehr Spin gespielt wurde. Auch der Aufschlag wurde immer bedeutsamer, außerdem wird der Ball mit deutlich mehr Spin getroffen. Zum anderen führte die Evolution der Schläger dazu, dass Tennis für normale Freizeitspieler durch den Einsatz eines modernen Graphitrackets weitaus leichter zu erlernen war als mit einem schweren Holzschläger mit kleiner Schlagfläche.

Der letzte Spieler, der mit einem Holzschläger ein Grand-Slam-Turnier gewann, war der Franzose Yannick Noah bei den French Open 1983. Das letzte Mal, dass Spieler beim Wimbledon-Turnier mit Holzschlägern spielten, war im Jahr 1987. Miloslav Mecir trug sich im März 1989 in Indian

Wells schließlich in die Geschichtsbücher ein, indem er der letzte Spieler wurde, der ein Turnier mit einem Holzschläger gewinnen konnte.

Nachdem es jahrelang keine Reglementierungen bei den Tennisschlägern gab, sah sich der Tennisweltverband ITF nach dem Verbot von Schlägern mit Spaghetti-Besaitung, die in Kapitel 7 thematisiert wird, dazu gezwungen, Regeln aufzustellen, wie lang und breit ein Tennisschläger zu sein hat. Im Januar 1997 wurde die bestehende Regelung entsprechend angepasst.

Seitdem gilt: Ein Tennisschläger darf nicht länger als 73,7 Zentimeter und nicht breiter als 31,75 Zentimeter sein. Die Standardlänge eines Schlägers entspricht 68,6 Zentimeter. Viele Spieler benutzen mittlerweile einen Vibrationsdämpfer im Schläger. Dieser darf jedoch nur außerhalb des Bespannungsbereichs angebracht werden, also dort, wo sich keine Saiten kreuzen.

Die wohl größte und wertvollste Schlägersammlung der Welt besitzt übrigens der Berliner Andreas Fixemer mit insgesamt mehr als 1.200 Rackets, darunter viele Originalstücke von berühmten Spielern wie Björn Borg. Das Prunkstück der Sammlung ist ein Schläger, der von Kronprinz Edward (später König Edward VIII.) als Dank für den Erfinder des modernen Tennis, Major Walter Clopton Wingfield, angefertigt wurde. Dieser besondere Holzschläger mit einem Griff aus Elfenbein soll bis zu zwei Millionen US-Dollar wert sein.

7. Was ist die Spaghetti-Besaitung?

Eine gute Tennissaite, mit der ein Schläger bespannt wird, ist bei der Frage nach der Optimierung im eigenen Spiel genauso wichtig wie die Wahl des passenden Schlägers. Die Saitentechnologie hat sich im Laufe der Jahre enorm verändert, was auch immense Auswirkungen auf die einzelnen Spielstile hat. Die Evolution in der Saitentechnologie, die immer mehr Spin ermöglicht, ist einer der Gründe, warum das Netzspiel und erfolgreiches Angriffstennis im Einzel in den letzten Jahren etwas in den Hintergrund gerückt ist.

Bei den Tennissaiten unterscheidet man vier Hauptkategorien: Naturdarm, Multifilament, Syntetic Gut und Polyester. Die Naturdarmsaiten gelten als das Nonplusultra unter den Saiten und sind dementsprechend teuer. Für die Herstellung der Naturdarmsaiten werden Kuh- oder Schafdärme verwendet.

In den 1970er-Jahren sorgte eine bestimmte Saitenart für großes Aufsehen auf der Tennis-Tour und hätte die Art und Weise des Spiels revolutionieren können. Die Rede ist von der Spaghetti-Besaitung. Der Deutsche Werner Fischer, ein leidenschaftlicher Spieler und Mitglied im TC Grün-Weiß Vilsbiburg, sorgte mit seiner Erfindung für riesengroßes Aufsehen im Tennissport. Zu dieser Zeit waren Tennisschläger bezüglich der Ausmaße und Bespannungsarten noch nicht reglementiert.

Fischer experimentierte bei der Besaitung von Schlägern mit dem Ziel, den optimalen Spin zu kreieren. Mit seiner Spaghetti-Besaitung landete Fischer einen Coup, indem er die Längssaiten doppelt bespannte. In den Zwischenräumen fädelte er fünf einfache Quersaiten hindurch. Die Schnittstellen der Quer- und Längssaiten befestigte Fischer mit kleinen, hohlen Plastikröhren, die an Spaghetti-Nudeln erinnern. So wurde der Begriff Spaghetti-Besaitung geschaffen.

Die Topspin-Wirkung, die durch die Spaghetti-Besaitung erzielt wurde, war phänomenal. Die Flugbahn des Balls war häufig unberechenbar. Fischers Vereinskameraden zeigten sich begeistert von der Erfindung, die sie in Anlehnung an seinen Namen Fischerpatsche nannten, und ließen ihre Schläger mit dieser besonderen Besaitung, die einen immensen Vorteil im Spiel versprach, bespannen.

In der Tat waren Spieler, welche die Spaghetti-Besaitung benutzten, weitaus erfolgreicher als ohne die besondere Bespannungsform. Die 1. Herren von Fischers Heimatverein, des TC Grün-Weiß Vilsbiburg, stiegen mit Hilfe der Spaghetti-Besaitung im Jahr 1977 sogar in die Bundesliga auf. Die unglaubliche Wirkung der Spaghetti-Besaitung sprach sich schnell rum im Profizirkus, sodass einige Spieler nun auch auf den unglaublichen Spin, den die Fischerpatsche oder Fliegenklatsche erzeugte, vertrauten.

Der Australier Barry Phillips-Moore spielte bei den French Open 1977 als erste Spieler bei einem Grand-Slam-Turnier mit dieser besonderen Saitenart. Bei den US Open 1977 sorgte der US-Amerikaner Mike Fishbach mit der Spaghetti-Besaitung für Aufsehen, als er den zweimaligen Grand-Slam-Sieger Stan Smith mit 6:0, 6:2 deklassierte.

Kurz darauf wurde der ehemalige Weltranglistenerste Ilie Nastase beim ATP-Turnier in Paris in seinem Auftaktmatch von einem Spieler bezwungen, der die Spaghetti-Besaitung benutzte. Nastase kündigte an, dass er nie wieder gegen einen Spieler mit dieser Besaitung spielen werde. Eine Woche später tauchte Nastase aber selbst mit der Spaghetti-Besaitung auf dem Platz auf und war beim ATP-Sandplatzturnier in Aix-en-Provence damit erfolgreich.

Im Finale des Turniers kam es zwischen Nastase und Guillermo Vilas zu einem Skandal. Vilas ging mit einer 46 Matches umfassenden Siegesserie in das Endspiel. Zudem war er 53 Matches in Folge auf Sand unbesiegt. Der Argentinier war also der klare Favorit in dem Finale, das in einem Eklat enden sollte. Die Partie ging über drei Gewinnsätze. Der Rumäne Nastase gewann die ersten beiden Sätze mit 6:1, 7:5. Dann wurde es Vilas zu bunt. Er verließ danach aus Protest den Platz, da er den Schläger von Nastase, der eine Art Spaghetti-Besaitung hatte, als illegal empfand. Nastase gewann schließlich durch die Aufgabe von Vilas, dessen Siegesserie von 46 Matches in Folge – es war zudem die längste Erfolgsserie im Herrentennis – damit ein unrühmliches Ende fand.

„Ich bin komplett verwirrt und demotiviert von der Flugbahn dieser Bälle. Nastase, dazu noch der Schläger. Das ist zu viel. Ich habe nicht gegen einen Spieler verloren, sondern gegen einen Schläger", sagte Vilas hinterher über das Match gegen Nastase, der wegen seines Temperaments einen zweifelhaften Ruf auf der Tour hatte. Vilas startete nach der Niederlage die nächste Siegesserie und gewann 29 Matches in Folge.

Die Spaghetti-Besaitung hätte zur Revolution im Tennisspiel führen können. Doch ehe sie den totalen Durchbruch bei den Profis hatte, wurde sie einen Tag nach dem Finaleklat in Aix-en-Provence vom Tennisweltverband ITF verboten. Die ITF reagierte auf die massiven Proteste von Ion Tiriac, Trainer von Vilas und später als Manager von Boris Becker tätig. Die ITF legte zudem im Regelwerk fest, welche Bedingungen ein Tennisschläger erfüllen müsse. Die Spaghetti-Besaitung ist seitdem Geschichte.

Ein Schläger mit dieser unkonventionellen Besaitungsart kann aber im Museum in Wimbledon angeschaut werden. Heutzutage spielen viele Spieler auf Sandplatz mit einer Polyestersaite, die fast genauso viel Spin erzeugen kann wie die Spaghetti-Besaitung. Vielleicht war Werner Fischer mit seiner Erfindung nur ein paar Jahre zu früh dran.

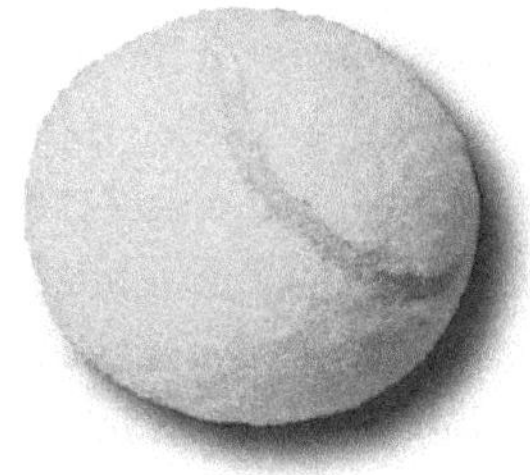

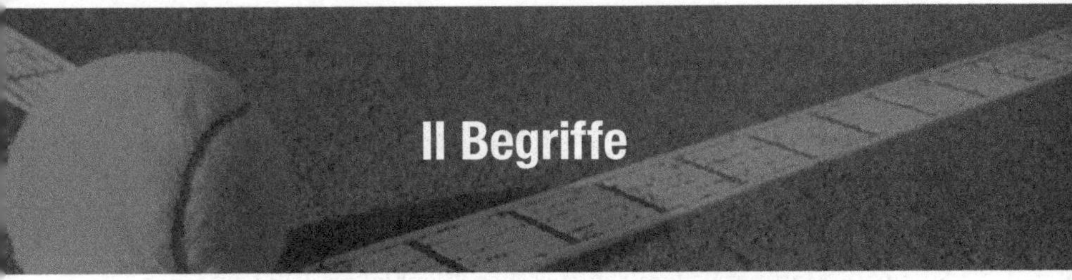

II Begriffe

8. Was ist der Kalender-Grand-Slam?

Die vier Grand-Slam-Turniere (Australian Open, French Open, Wimbledon und US Open) sind die bedeutendsten Turniere für die Tennisprofis. Jeder Spieler träumt davon, zumindest eines dieser vier prestigeträchtigen Turniere zu gewinnen. Die ultimative Leistung im Tennis ist, alle vier Grand-Slam-Turniere innerhalb eines Kalenderjahres zu gewinnen. Man spricht dabei vom Grand Slam oder dem Kalender-Grand-Slam.

Das Erreichen des Kalender-Grand-Slams ist eine Seltenheit im Tennis, vor allem seit Beginn der Profiära im Jahr 1968. Bislang gab es im Tennis 13-mal den Kalender-Grand-Slam, jeweils dreimal im Herren- und Damen-Einzel, jeweils dreimal im Damen-Doppel und Mixed sowie einmal im Herren-Doppel.

Hinzukommen einige Kalender-Grand-Slams im Rollstuhltennis sowie einer bei den Junioren durch Stefan Edberg im Jahr 1983. Im Herren-Einzel trugen sich der US-Amerikaner Donald Budge (1938) und der Australier Rod Laver in die Geschichtsbücher ein. Laver gelang dieses Kunststück als einziger Spieler gleich zweimal, 1962 als Amateur und 1969 als Profi. Bei den Damen spielten sich die US-Amerikanerin Maureen Connolly (1953), die Australierin Margaret Court (1970) und Steffi Graf (1988) bis zum Kalender-Grand-Slam. Den bislang letzten Kalender-Grand-Slam schaffte die Schweizerin Martina Hingis im Damen-Doppel. Im Jahr 1998 gewann sie mit verschiedenen Partnerinnen alle vier Grand-Slam-Turniere.

Seit mehr als 20 Jahren hat es also keinen echten Grand Slam im Tennis gegeben, was ein Zeichen dafür ist, wie eng die Weltspitze zusammengerückt ist. Es gibt zudem Spieler, die den Kalender-Grand-Slam verfehlten, aber dennoch vier oder mehr Grand-Slam-Titel in Folge gewonnen haben. Man spricht hierbei von einem Nicht-Kalender-Grand-Slam oder einem unechten Grand Slam.

So siegte Martina Navratilova zwischen Wimbledon 1983 und den US Open 1984 bei sechs Grand-Slam-Turnieren in Folge. Steffi Graf (French Open 1993 bis Australian Open 1984), Serena Williams (French Open 2002 bis Australian Open 2003 sowie US Open 2014 bis Wimbledon 2015) und Novak Djokovic (Wimbledon 2015 bis French Open 2016) schaffen vier Grand-Slam-Titel in Folge. Als Serena Williams und Novak Djokovic diese Leistung vollbrachten, sprach man auch vom „Serena Slam" und „Djokovic Slam".

Der Karriere-Grand-Slam ist im Gegensatz zum Kalender-Grand-Slam etwas einfacher zu erreichen, aber immer noch eine herausragende Leistung, die nur ganz wenige Tennisspieler vollbracht haben. Einen Karriere-Grand-Slam schafft ein Spieler, wenn er jedes der vier Grand-Slam-Turniere (Australian Open, French Open, Wimbledon und US Open) mindestens einmal gewonnen hat.

Im Einzel gab es den Karriere-Grand-Slam insgesamt 18-mal, zehnmal bei den Damen und achtmal bei den Herren. In der Ära des Profitennis, die im April 1968 begann, haben dieses Kunststück sechs Damen und fünf Herren vollbracht.

Bei den Damen gehören Margaret Court, Chris Evert, Martina Navratilova, Steffi Graf, Serena Williams und Maria Sharapova zum elitären Kreis. Billie Jean King gewann alle vier Grand-Slam-Turniere, da jedoch ihr Sieg bei den Australian Open 1968 noch in die Ära des Amateurtennis zählt, schaffte sie zwar den Karriere-Grand-Slam, aber nicht alle während der Profiära. Bei den Herren haben in der Ära des Profitennis Rod Laver, Andre Agassi, Roger Federer, Rafael Nadal und Novak Djokovic den Karriere-Grand-Slam erreicht.

Doch es gab auch einige namhafte Grand-Slam-Sieger, die die Aufnahme in diesen elitären Club nur knapp verpasst haben. Zur Vollendung der Grand-Slam-Sammlung fehlte einigen großen Champions im Tennis lediglich ein Titel bei einem der vier Grand-Slam-Turniere. Vor allem der Titel bei den French Open erwies sich häufig als zu große Hürde. So fehlten Jimmy Connors, Pete Sampras, Boris Becker, Stefan Edberg und Martina Hingis nur der Titel bei den French Open für den Karriere-Grand-Slam. Bei Ivan Lendl, Mats Wilander, Monica Seles und Justine Henin war es der Titel in Wimbledon, an dem sie sich auf dem Weg zum Karriere-Grand-Slam die Zähne ausgebissen haben.

Die beiden US-Amerikanerinnen Doris Hart und Martina Navratilova sowie die Australierin Margaret Court schafften neben dem Karriere-Grand-Slam im Einzel noch eine weitere ultimative Bestleistung. Sie gewannen alle möglichen Grand-Slam-Titel im Einzel, Doppel und Mixed. Man spricht hierbei von einem sogenannten *Career Boxed Set*. Besonders ist die Leistung von Court, die ein Career Boxed Set sowohl in der Ära des Amateurtennis als auch im Profitennis schaffte.

9. Was ist der Golden Slam?

Noch seltener als der Kalender-Grand-Slam ist der Golden Slam. Er ist sogar eine Rarität und kam erst einmal vor. Von einem Golden Slam spricht man, wenn man alle vier Grand-Slam-Turniere sowie die olympische Goldmedaille innerhalb eines Jahres gewinnt. Da die Olympischen Spiele nur alle vier Jahre stattfinden, ist ein Golden Slam also auch nur alle vier Jahre möglich.

Steffi Graf spielte im Jahr 1988 die Saison aller Saisons und schaffte das nahezu Unmögliche. Mit dem Sieg bei den US Open errang Graf zunächst den Kalender-Grand-Slam. Wenige Tage später reiste die Deutsche nach Seoul. Das olympische Tennisturnier bei den Olympischen Spielen in Seoul stand auf dem Programm. Nach 64 Jahren war Tennis wieder offiziell im olympischen Programm. Nach dem Grand Slam erwar-

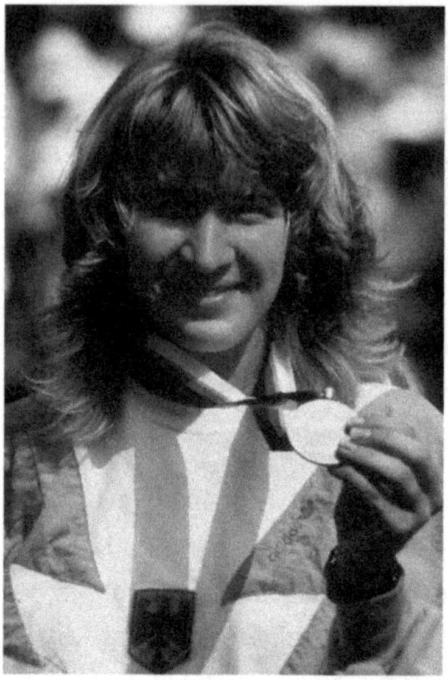

teten alle, dass die Deutsche nun auch die Goldmedaille bei den Olympischen Spielen gewinnen würde.

Für diese einzigartige Leistung hatten sich die Journalisten und Grafs Vermarktungsagentur Advantage eine passende Bezeichnung überlegt: Golden Slam. Am 1. Oktober 1988 schrieb Graf schließlich Tennisgeschichte. Im Finale des olympischen Tennisturniers besiegte sie Gabriela Sabatini mit 6:3, 6:3. Nach einem krachenden Vorhand-Return war der Golden Slam perfekt. „Ich bin sehr begeistert. Das ist etwas, was nicht viele Leute nach mir erreichen werden. Es ist fantastisch", freute sich Graf.

Ob der Golden Slam von Graf einzigartig bleiben wird, wird wie immer die Zeit zeigen. Da er nur alle vier Jahre möglich ist, sind die Chancen auf den Golden Slam ohnehin nur minimal.

Neben dem Golden Slam gibt es noch den Career Golden Slam sowie den Double Career Golden Slam. Von einem Career Golden Slam spricht man, wenn ein Spieler in seiner Karriere alle vier Grand-Slam-Turniere sowie die olympische Goldmedaille in einer Disziplin (Einzel, Doppel oder Mixed) gewonnen hat. Neben Graf haben dies im Einzel nur noch Serena Williams, Andre Agassi und Rafael Nadal geschafft. Da Roger Federer die Goldmedaille „nur" im Doppel gewann, zählt dieser Erfolg nicht zum Career Golden Slam dazu. Nadal gewann neben olympischem Gold im Einzel auch noch die Goldmedaille im Doppel.

Eine einzigartige Leistung wie der Golden Slam von Graf vollbrachte Serena Williams, durch die der Begriff Double Career Golden Slam erschaffen wurde. Williams ist die erste und bislang einzige Spielerin, die alle Grand-Slam-Turniere im Einzel und Doppel sowie Gold bei Olympia im Einzel und Doppel in ihrer Titelbilanz stehen hat. „Das ist so irre. Ich habe etwas geschafft, das noch keiner geschafft hat – dadada", freute sich Williams, nachdem sie 2012 bei den Olympischen Spielen in London die Goldmedaille im Einzel gewann und das letzte fehlende Puzzlestück auf dem Weg zum Double Career Golden Slam einsammelte.

10. Was ist das Career Golden Masters?

Wenn es um das Brechen und Aufstellen neuer Rekorde geht, ist Novak Djokovic immer weit vorne. Der Serbe hat das klare Ziel, als bester Spieler in die Geschichte einzugehen. Djokovic hat wie Steffi Graf mit dem Golden Slam oder Serena Williams mit dem Double Career Golden Slam eine Leistung vollbracht, die im Einzel bislang einzigartig ist im Herrentennis.

Der Serbe gewann alle neun Turniere der Masters-1000-Kategorie, zu denen seit dem Jahr 2009 die Turniere in Indian Wells, Miami, Monte Carlo, Madrid, Rom, Montreal/Toronto (wechseln sich jährlich ab), Cincinnati, Shanghai und Paris-Bercy gehören. Für den Gewinn all dieser neun Turniere wurde der Begriff Career Golden Masters von der Spielerorganisation ATP erschaffen.

Am Titelgewinn in Cincinnati biss sich Djokovic jedoch viele Jahre die Zähne aus. Bereits im Jahr 2013 hatte der Serbe dort seine erste Chance auf das Career Golden Masters. Insgesamt fünfmal verlor er im Finale in Cincinnati, ehe es im Jahr 2018 endlich mit dem Career Golden Masters klappte. Djokovic besiegte im Finale Roger Federer und war mächtig stolz auf den letzten Titel, der ihm zum Career Golden Masters noch fehlte. „Es ist natürlich ein sehr besonderer Moment, das erste Mal hier in Cincinnati mit der Trophäe zu stehen", sagte Djokovic, nachdem er Tennisgeschichte geschrieben hatte.

Mittlerweile hat Djokovic alle neun Masters-1000-Turniere sogar mindestens zweimal gewonnen, also ein doppeltes Career Golden Masters geschafft. Allerdings: Bis 2008 gehörte auch das Sandplatzturnier in Hamburg zu der Masters-Serie, das allerdings seinen Status in dieser Kategorie an Madrid verlor. Das Turnier in Hamburg gewann Djokovic zu Beginn seiner Karriere jedoch nicht.

Vor Djokovic hatten im Doppel bereits die US-Zwillinge Bob Bryan und Mike Bryan sowie der Kanadier Daniel Nestor das Career Golden Masters geschafft.

11. Warum heißt es Deuce?

Dass die Zählweise im Tennis völlig anders ist als in anderen Ballsportarten, wurde bereits thematisiert. Doch woher stammt der Begriff Deuce im Tennis, der im Deutschen für Einstand, also für den Spielstand von 40:40, steht?

Der Begriff geht zurück auf das 16. Jahrhundert, als die Franzosen entschieden, dass beim Spielstand von 40:40 ein Spieler zwei Punkte in Folge machen müsste, um das Spiel zu gewinnen. Anscheinend wurde bei diesem Spielstand die französische Phrase „a deux le jeus" benutzt. Das Wort „deux" steht im Französischen für die Zahl 2.

Der Ausspruch kann in zweierlei Hinsicht interpretiert werden. Einerseits, dass beide Spieler die gleiche Chance haben, das Spiel zu gewinnen. Andererseits, dass ein Spieler zwei Punkte in Folge erzielen muss, um das Aufschlagspiel für sich zu entscheiden. Gewinnt ein Spieler beim Spielstand Deuce den Punkt, heißt es Vorteil (auf Englisch: Advantage) für den Spieler, der den Punkt gewonnen hat. Gewinnt der andere Spieler den nächsten Punkt, geht es zurück zum Spielstand Deuce.

Das Besondere an Deuce ist die Tatsache, dass sich ein Aufschlagspiel durch die Regelung mit den zwei Punkten Vorsprung ewig in die Länge ziehen kann, da es immer zurück auf den Spielstand Deuce springen kann. So kommt es im Tennis regelmäßig vor, dass ein Aufschlagspiel zehn Minuten oder länger dauert.

Den Rekord für die meisten Deuces in einem Aufschlagspiel stellten am 26. Mai 1975 Keith Glass und Anthony Fawcett bei einem Rasenturnier in

Surbiton (England) auf. Der Schiedsrichter verkündete insgesamt 37-mal den Spielstand Deuce. 80 Punkte umfasste das gesamte Aufschlagspiel, das 31 Minuten andauerte und Glass letztendlich für sich entschied.

„Es kamen immer mehr Zuschauer. Es ging immer weiter. Es war irrwitzig. Tennisspieler haben Alpträume von Ballwechseln, die nicht enden wollen. Und dieses Aufschlagspiel wollte nicht enden", blickte Glass auf diesen Rekord, der sogar ins *Guinness Buch der Rekorde* kam, zurück.

12. Was ist die No-Ad-Regel?

Aufschlagspiele mit zahlreichen Deuces sind keine Seltenheit im Tennis. Um ein Aufschlagspiel schneller und planbarer zu machen, wurde im Profitennis die sogenannte *No-Ad-Regel* eingeführt, allerdings bislang nur im Doppel.

Diese Regel besagt, dass, sobald der Spielstand 40:40 (also Deuce oder Einstand) erreicht wird, der nächste Punkt darüber entscheidet, wer das Aufschlagspiel gewinnt. In der Fachsprache spricht man vom „deciding point". Dabei trifft das returnierende Doppel die Entscheidung, auf welche Seite beim Entscheidungspunkt aufgeschlagen werden soll. Der Schiedsrichter sagt beim Spielstand von 40:40 die Worte: „Deciding point. Receivers choice!"

Die No-Ad-Regel sorgt dafür, dass die Wahrscheinlichkeit für ein Break, also für den Gewinn des gegnerischen Aufschlagspiels, steigt. Hat das returnierende Doppel den Spielstand von 0:40 erreicht, hat es durch die No-Ad-Regel mit dem Entscheidungspunkt beim Spielstand von 40:40 sogar vier Breakpunkte in Serie.

Allerdings kommt die No-Ad-Regel bislang nur im Doppel bei Turnieren auf der ATP- und WTA-Tour sowie im Mixed bei Grand-Slam-Turnieren zur Anwendung. Bei Grand-Slam-Turnieren und den Mannschaftswettbewerben Davis Cup und Fed Cup wird im Doppel mit der traditionellen Zählweise gespielt.

Im Jahr 2006 führten die ATP und die WTA die No-Ad-Regel ein, um das Doppel planbarer und für die Fernsehzuschauer attraktiver zu machen. Doch die Einführung der No-Ad-Regel hat nicht wirklich dazu geführt, dass das Interesse am Doppel gestiegen ist und mehr Doppelmatches im Fernsehen gezeigt werden. Die Doppelspieler haben sich inzwischen mit der No-Ad-Regel arrangiert, aber es wurde in den vergangenen Jahren immer wieder der Ruf laut, zur traditionellen Zählweise zurückzukehren.

Im Jahr 2006 wurde nicht nur die No-Ad-Regel im Doppel auf der ATP- und WTA-Tour eingeführt, sondern auch der Match-Tiebreak. Während im Doppel bei den Grand-Slam-Turnieren neben der traditionellen Zählweise ohne No-Ad-Regel der entscheidende Satz ausgespielt wird, kommt bei Spielen auf der ATP- und WTA-Tour sowie kleineren ITF-Turnieren im dritten Satz der Match-Tiebreak zur Anwendung.

Ein Match-Tiebreak ist, schlicht gesagt, ein längerer Tiebreak, bei dem der Spieler gewinnt, der als Erster zehn Punkte erspielt und dabei zwei Punkte Vorsprung hat. Mit der Einführung des Match-Tiebreaks sowie der No-Ad-Regelung sollten Doppelmatches schneller werden und damit zu mehr Aufmerksamkeit bei Zuschauern führen.

Man erhoffte sich durch die Reform zudem, dass mehr Spieler, die in der Einzelweltrangliste weit oben stehen, auch vermehrt im Doppel antreten werden. Doch diese Rechnung ging nicht auf, sodass auf der Doppeltour meistens Spieler vorne dabei sind, die sich ausschließlich auf das Doppel konzentriert haben.

Den Siegeszug des Match-Tiebreaks gab es jedoch in Deutschland im regulären Punktspiel- und Medenspielbetrieb. Mittlerweile wird bei fast jedem Punktspiel in allen deutschen Landesverbänden der dritte Satz im Einzel und Doppel als Match-Tiebreak ausgespielt. Der Deutsche Tennis Bund und die einzelnen Landesverbände hatten diese Regeländerung durchgedrückt, ohne die vielen Punktspieler bei diesem Entscheidungsprozess aktiv einzubinden. Auch hier erhoffte man sich, dadurch Zeit bei Punktspielen einzusparen und Tennis noch attraktiver zu machen.

Nach zehn Jahren Match-Tiebreak im Wettspielbetrieb in Deutschland muss man jedoch festhalten, dass sich viele Tennisspieler das alte Spielformat, bei dem der dritte Satz als regulärer Satz gespielt wird, zurückwünschen. Hauptkritikpunkt am Match-Tiebreak ist, dass dieser ein Match zwar spannender macht, aber den schwächeren Spieler bevorzugt. Da der dritte Satz nicht ausgespielt wird, sind gute Kondition und Steherqualitäten nicht mehr so gefragt wie in einem regulären Entscheidungssatz.

Der Match-Tiebreak kann wie eine Lotterie sein, in der unabhängig von der Spielstärke oft der Glücklichere und nicht der Bessere gewinnt. Ein bis zwei schlechte Minuten im Match-Tiebreak können ausreichen, um ein sonst gut gespieltes Match zu verlieren. Würde man im entscheidenden Satz bei der regulären Zählweise mit 0:2 zurückliegen und hätte in den beiden Spielen nur einen Punkt erzielt, wäre noch längst nichts verloren. Im Match-Tiebreak wäre die Lage bei solch einem Szenario, also bei einem Spielstand von 1:8, fast schon aussichtslos.

Es gibt den besonderen Fall, bei dem der Match-Tiebreak auch bei Grand-Slam-Turnieren zum Einsatz kommt. So wird bei den Australian Open seit dem Jahr 2019 ein Match-Tiebreak gespielt, wenn der Spielstand im entscheidenden Satz, also im dritten Satz bei den Damen und im fünften Satz bei den Herren im Einzel, 6:6 erreicht.

13. Was ist ein Lucky Loser?

Im Sport gehört auch das nötige Quäntchen Glück dazu, das über Sieg oder Niederlage entscheidet – und ob man an einem Turnier überhaupt teilnehmen darf oder nicht. Ein sogenannter *Lucky Loser* im Tennis ist ein Spieler, der im Qualifikationsturnier für das Hauptfeld gescheitert ist, aber dennoch ins Hauptfeld gelangt.

Das kommt vor, wenn ein fürs Hauptfeld qualifizierter Spieler nach Beginn oder Ende der Qualifikation seine Teilnahme, in der Regel wegen einer Verletzung, zurückzieht. Der freigewordene Platz im Hauptfeld wird durch einen Lucky Loser aufgefüllt. Dieser freigewordene Lucky-Loser-Platz ging lange Zeit an den bestplatzierten Spieler in der Weltrangliste, der im Qualifikationsfinale verloren hat.

Diese Regelung führte jedoch manchmal zu Missbrauch und nicht wettbewerbsgerechten Matches, da Spieler aufgrund ihrer Ranglistenposition bereits vor dem Qualifikationsfinale wussten, dass sie trotz einer Niederlage ins Hauptfeld kommen würden, da bereits ein Spieler aus dem Hauptfeld seine Teilnahme zurückgezogen hatte. Es kam vor, dass einige Spieler, die ihren Platz als Lucky Loser sicher hatten, im Qualifikationsfinale Kräfte sparten und schließlich verloren.

Bei den Grand-Slam-Turnieren wurde daher im Jahr 2006 eine neue Regel eingeführt, um die Lucky Loser zu bestimmen und möglichem Missbrauch etwas vorzubeugen. Unter den vier bestplatzierten Spielern in der Weltrangliste, die im Qualifikationsfinale verloren haben, wird schließlich ausgelost, wer den ersten Platz als Lucky Loser im Hauptfeld bekommt. Die Chance, dass der bestplatzierte Verlierer in der Weltrangliste als Lucky Loser ins Hauptfeld rutschen würde, liegt seitdem nur noch bei 25 Prozent.

Dass Lucky Loser ins Hauptfeld gelangen, kommt bei Tennisturnieren regelmäßig vor. Der Kanadier Peter Polansky schaffte im Jahr 2018 sogar ein einmaliges Kunststück. Polansky verlor im Qualifikationsturnier bei allen vier Grand-Slam-Turnieren des Jahres (Australian Open, French Open, Wimbledon und US Open) im Qualifikationsfinale und rutschte dennoch bei allen vier Turnieren ins Hauptfeld. Der Begriff „Lucky Loser Grand Slam" war geboren.

Dass Lucky Loser schließlich auch das Turnier gewinnen, kam auf der ATP- und WTA-Tour vor, wenn auch recht selten und nur bei kleineren Turnieren. Bei den Damen schaffte dieses Kunststück zuletzt die 15-jährige US-Amerikanerin Cori Gauff, die in Linz (Österreich) ihren ersten WTA-Titel als Lucky Loser gewann.

Bei den Herren feierte Leonardo Mayer 2017 in Hamburg einen besonderen Titel als Lucky Loser. Der Argentinier, der 2014 in Hamburg seinen ersten ATP-Titel gewann, musste drei Jahre später als ehemaliger Titelträger in die Qualifikation. Mayer verlor im Qualifikationsfinale gegen den 16-jährigen Deutschen Rudi Molleker und rutschte als Lucky Loser ins Turnier. Der Argentinier gewann schließlich in Hamburg zum zweiten Mal ein ATP-Turnier – und das ausgerechnet im Finale gegen Namensvetter Florian Mayer aus Deutschland.

Bei Grand-Slam-Turnieren ist für Lucky Loser in der Regel frühzeitig Schluss. Ein Grand-Slam-Titel durch einen Lucky Loser würde einer riesengroßen Sensation gleichkommen. Bislang schaffte es bei den Grand-Slam-Turnieren kein Lucky Loser über das Achtelfinale hinaus.

14. Was ist ein Golden Set?

Dass Sätze im Profitennis mit 6:0 enden, ist nichts Weltbewegendes. Die Tatsache, dass ein Spieler einen Satz mit 6:0 und diesen ohne Punktverlust gewinnt, ist hingegen etwas Historisches. Man spricht bei diesem Ereignis von einem Golden Set, bei dem man alle 24 gespielten Punkte gewinnt.

In der Geschichte des Profitennis ist ein Golden Set eine echte Rarität, vor allem auf der großen Bühne. Für den berühmtesten Golden Set sorgte die Kasachin Yaroslava Shvedova beim Wimbledon-Turnier 2012. Im Drittrundenmatch gegen die Italienerin Sara Errani, zu dieser Zeit sogar eine Top-Ten-Spielerin, endete der erste Satz nach 15 Minuten mit 6:0 für Shvedova ohne Punktverlust – also ein Golden Set. Die Weltranglistenzehnte Errani, die als extrem sichere Spielerin bekannt ist, produzierte nur einen unerzwungenen Fehler, was die herausragende Leistung von Shvedova unterstreicht. Shvedova wurde die erste Frau, der dieses Kunststück nach Einführung der Profiära im Jahr 1968 gelang – und das ausgerechnet in Wimbledon, auf der größten Tennisbühne der Welt.

Shvedova erfuhr erst nach Matchende von ihrem historischen Kunststück. „Ich habe es erst nach dem Match im Fitnessraum bemerkt, als mir mein Trainer davon erzählte. Ich habe ihm nicht geglaubt, ich dachte, dass es ein Fehler sein müsste. Ich habe mich nicht auf die Statistik während des Matches konzentriert. Ich habe nur Punkt für Punkt gespielt. Ich dachte nur, dass ich einen guten Satz gespielt hatte", sagte Shvedova nach dem Match.

Als die Kasachin sich ihrer seltenen Leistung bewusst war, twitterte sie in die Welt: „Heute habe ich ein goldenes Ei gelegt." Kurioserweise war die Kasachin bereits im Jahr 2006 ganz kurz vor einem Golden Set. Beim WTA-Turnier in Memphis machte Shvedova im Achtelfinale gegen Amy Frazier (USA) 23 Punkte am Stück. Sie scheiterte dann aber am finalen Punkt zum Golden Set, weil sie einen Doppelfehler servierte. Shvedova konnte sich von dem knappen Scheitern am Golden Set nicht mehr wirklich erholen. Sie gewann zwar den Satz mit 6:1, gab dann aber die Sätze zwei und drei sang- und klanglos mit 0:6 ab.

Ein anderer der seltenen Golden Sets ereignete sich in der ersten Qualifikationsrunde der US Open 2013 im deutschen Duell zwischen Julian Reister und Tim Pütz. Reister gewann den letzten Satz mit 6:0 und machte dabei jeden Punkt. Es war laut Aufzeichnungen auf Profiebene der zweite Golden Set in der Geschichte des Herrentennis.

„Ich bin völlig gegen die Wand gelaufen im dritten Satz. Ich habe völlig verkrampft, wollte aber nicht aufgeben. Ich habe dadurch viel Ruhm erlangt, den ich mir so nicht gewünscht habe. Julian hat im wahrsten Sinne des Wortes fehlerfrei gespielt und dadurch viel Ruhm erlangt", sagte Pütz, der es mit Humor nahm. Im Anschluss meldete er sich auf Twitter® an und nannte sich selbstironisch „GoldenSetTim". „An den Golden Set werde ich gelegentlich erinnert, aber aufgezogen werde ich damit nicht mehr. Es ist für mich nichts, wofür ich mich irgendwie schämen müsste", sagte Pütz rückblickend.

Noch seltener als ein Golden Set ist ein Golden Match, bei dem man das Match ohne Punktverlust gewinnt. Auf Profiebene ist dies bei den Herren zwar dreimal in der Qualifikation eines ITF-Future-Turniers, der untersten Stufe im Herrentennis, vorgekommen. Der unterlegene Gegner hatte dabei jedoch höchstens die Klasse eines durchschnittlichen Amateurspielers, sodass dies nicht offiziell zu werten ist. Auf das erste richtige Golden Match bei den Profis muss also weiter gewartet werden.

15. Was ist ein Triple Bagel?

Wenn man im Tennis einen Satz mit 6:0 gewinnt, spricht man in der englischen Tennisfachsprache von einem Bagel. Denn die runde Form des Bagels, ein Gebäck aus Hefeteig, das vor allem in den USA viel gegessen wird, erinnert an die Zahl 0.

Ein Satzgewinn mit 6:1 wird als Breadstick bezeichnet, da die Zahl 1 einer Brotstange gleicht. Gewinnt ein Spieler ein Match mit 6:0, 6:0, spricht man von einem Double Bagel. Im Deutschen ist bei diesem Ergebnis meist die Rede von der Höchststrafe oder von der Brille, die man kassiert hat.

Einen Double Bagel im Profitennis kommt sowohl bei Damen als auch Herren gelegentlich vor, wenn auch selten zwischen Topspielern. So siegte Steffi Graf im Finale der French Open 1988 gegen die völlig überforderte Natalia Zvereva in 32 Minuten mit 6:0, 6:0.

Selbst in der wohl größten Tennisrivalität der Geschichte, zwischen Martina Navratilova und Chris Evert (80 Duelle spielten die beiden gegeneinander), gab es sogar einen Double Bagel. Evert gelang das Kunststück, gegen ihre Dauerrivalin 1981 im Endspiel in Amelia Island mit 6:0, 6:0 zu gewinnen.

Wer meint, dass der Double Bagel schon schlimm genug ist, der irrt. Denn es geht noch eine Spur demütigender – und zwar in Form eines Triple Bagels. 6:0, 6:0, 6:0, diese vernichtenden Zahlen sind nur den Herren vorbehalten. Der Triple Bagel ist aber eine richtige Rarität und eine Leistung, die heutzutage noch höher einzuschätzen ist als damals. Die Möglichkeiten für einen Triple Bagel gibt es mittlerweile auch nur noch bei den Grand-Slam-Turnieren, bei denen über drei Gewinnsätze gespielt wird. Bislang gab es fünf Triple Bagel bei Grand-Slam-Turnieren seit Einführung des Profitennis im Jahr 1968.

Erstaunlicherweise ereigneten sich drei dieser fünf Triple Bagel im Jahr 1987. Den beeindruckendsten Sieg schaffte wohl Stefan Edberg beim Wimbledon-Turnier 1987. Edberg siegte in der ersten Runde gegen seinen schwedischen Landsmann Stefan Eriksson mit 6:0, 6:0, 6:0 und hatte danach Mitleid. „Es ist schön, wenn alles funktioniert, was man tut. Ich hatte Mitleid mit Stefan. Es war sein erstes Match auf Rasen. Ich dachte darüber nach, ihm ein Spiel zu geben. Aber du weißt nie, ob du jemals eine weitere Chance hast, drei Sätze zu null zu gewinnen", erklärte Edberg nach den kurzen 60 Minuten.

Der bislang letzte der fünf Triple Bagel bei Grand-Slam-Turnieren war Sergi Bruguera vorbehalten. Der Spanier deklassierte in der zweiten Runde der French Open 1993 seinen französischen Gegner Thierry Champion, der zuvor immerhin einmal im Viertelfinale in Roland Garros und Wimbledon gestanden hatte. Dabei vergab Champion im letzten Spiel sogar noch vier Spielbälle. Bruguera marschierte anschließend auch zum French-Open-Sieg.

Andy Murray war der Spieler, der in den letzten Jahren am dichtesten an einen möglichen Triple Bagel kam. In der ersten Runde der Australian Open 2007 lag der Schotte bereits mit 6:0, 6:0, 5:0 gegen den Spanier Alberto Martin vorne. Murray verhinderte nach einem „lahmen Spiel", wie er es später beschrieb, die Totalblamage von Martin und war so außer sich, dass er nach dem Spielverlust seinen Frust hinausschrie.

„Du bekommst wahrscheinlich nur einmal die Chance in deinem Leben, ein Match mit 6:0, 6:0, 6:0 zu gewinnen. Ich wollte es unbedingt, aber ich habe es ein wenig entgleiten lassen", erklärte Murray hinterher. Murray sollte sich irren. Denn er bekam 2011 die zweite Chance auf einen Triple Bagel und nutzte diese – allerdings im Davis Cup auf geringerem Niveau gegen einen Halbprofi aus Luxemburg. Auf den nächsten aussagekräftigen Triple Bagel im Herrentennis muss weiter gewartet werden.

16. Was ist ein Wooden Spoon?

Quervergleiche im Tennis sind schwierig und häufig nicht aussagekräftig. Jedes Spielergebnis ist separat zu betrachten. Wenn Spieler A gegen Spieler B mit 6:2, 6:2 gewonnen hat und Spieler A anschließend zum ersten Mal auf Spieler C trifft, der gegen Spieler B zuvor einmal deutlich mit 2:6, 2:6 verloren hat, bedeutet es nicht zwangsläufig, dass Spieler A auch gegen Spieler C klar gewinnen wird. Anders als in Sportarten wie der Leichtathletik, in denen es um Zeiten und Weiten geht, ist es im Tennis nahezu unmöglich, den schlechtesten Spieler in einem Turniertableau zu bestimmen.

Dennoch ist es eine nette Spielerei unter Tennisfans, den sogenannten *Wooden Spoon* (zu Deutsch: Holz- oder Kochlöffel) bei Turnieren, vor allem bei den vier Grand-Slam-Turnieren, zu vergeben. Der Wooden Spoon ist ein Preis, den kein Spieler haben möchte und eine inoffizielle Auszeichnung für den schlechtesten Erstrundenverlierer in einem Turnier. Und wer bekommt den Wooden Spoon? Ein Spieler bekommt den Wooden Spoon, wenn er derjenige ist, der gegen einen Spieler verliert, der wiederum in der nächsten Runde verliert, dessen Bezwinger in der nächsten Runde ebenso verliert – bis zum Ende des Turniers. Bei einem Grand-Slam-Turnier wird der Wooden Spoon auch als „Anti-Slam" bezeichnet.

Den Kochlöffel bei Grand-Slam-Turnieren als „schlechtester Spieler im Tableau" erhielten sogar einige prominente Spieler, von denen es man nicht erwartet hätte. Darunter John McEnroe (Wimbledon 1978), Richard Krajicek (Wimbledon 1994), Goran Ivanisevic (Australian Open 1995), Mary Pierce (Australian Open 2002), Marat Safin (US Open 2004), Ana Ivanovic (Wimbledon 2010) und Rafael Nadal (Australian Open 2016).

Nadal bekam bei den Australian Open 2016 den Wooden Spoon, weil die Kette wie folgt war: Nadal scheiterte in der ersten Runde an Fernando Verdasco. Verdasco verlor in der zweiten Runde gegen Dudi Sela. Sela verlor in der dritten Runde gegen Andrey Kuznetsov. Kuznetsov verlor im

Achtelfinale gegen Gael Monfils. Monfils verlor im Viertelfinale gegen Milos Raonic. Raonic verlor im Halbfinale gegen Andy Murray. Murray verlor im Finale gegen Novak Djokovic.

Die Lettin Jelena Ostapenko schaffte bei den French Open 2018 ein seltenes Kunststück. Ostapenko ging bei den French Open als Titelverteidigerin an den Start, schied bereits in der ersten Runde aus und holte sich letztendlich den Wooden Spoon.

Ein Kochlöffel eignet sich übrigens nicht nur zum Kochen, sondern man kann damit auch gut Tennis spielen und die adäquate Technik für die Grundschläge lernen. Der Tscheche Jonas Forejtek trainierte regelmäßig mit einem von seinem Trainer entworfenen, viel zu groß geratenen Kochlöffel seine Schlagtechnik. Mit Erfolg: Forejtek gewann 2019 die Juniorenkonkurrenz bei den US Open und ist mittlerweile Profi.

17. Was ist ein Triple Crown?

Der Titelgewinn bei einem Grand-Slam-Turnier ist schon schwer genug. Zwei Titel beim gleichen Grand-Slam-Turnier zu gewinnen, umso schwerer. Aber alle drei Titel, im Einzel, Doppel und Mixed, im gleichen Jahr zu gewinnen, ist das Nonplusultra bei einem Grand-Slam-Turnier. Bei dieser seltenen Leistung spricht man von einer sogenannten *Triple Crown*.

In der Anfangszeit der Grand-Slam-Turniere, in der die Konkurrenzen noch nicht allzu umkämpft waren und die Leistungsdichte zwischen den Spielern geringer war, kam ein Triple Crown einige Male vor. Die Französin Suzanne Lenglen schaffte in den 1920er-Jahren das Kunststück, Einzel, Doppel und Mixed zu gewinnen, sogar bei fünf Grand-Slam-Turnieren. Auch Margaret Court gelang ebenfalls fünfmal ein Triple Crown.

In der Geschichte des Profitennis ab dem Jahr 1968 gab es ein Triple Crown nur viermal – allesamt bei den Damen. Court schaffte zwei ihrer fünf Triple Crowns in der Profiära – bei den Australian Open 1969 und bei den US Open 1970. Billie Jean King siegte 1973 in Wimbledon in allen drei Konkurrenzen und schaffte ein Triple Crown nach Wimbledon 1967 und den US Open 1967 zum dritten Mal.

Das bislang letzte Triple Crown vollbrachte Martina Navratilova bei den US Open 1987 auf dramatische Weise. Dabei stand Navratilova sowohl im Doppelfinale als auch im Mixedfinale kurz vor der Niederlage. Vor allem das Mixedfinale mit ihrem Partner Emilio Sanchez war nichts für schwache Nerven, das die beiden erst im Tiebreak des dritten Satzes nach Abwehr eines Matchballs gewannen.

„Das Triple Crown war die ganze Zeit in meinem Kopf. Ich war extrem nervös. Ich stand einige Male kurz davor. Es fühlt sich toll an, das geschafft zu haben", freute sich Navratilova. Ob es ein Triple Crown – die ultimative Leistung bei einem Grand-Slam-Turnier – jemals wieder geben wird, darf bezweifelt werden. Zu eng ist die Weltspitze aneinandergerückt. Und auch nur die wenigsten Spieler nehmen an allen drei Konkurrenzen bei den Grand-Slam-Turnieren teil.

Die Topstars konzentrierten sich dabei meist auf das Einzel. Wenn man heutzutage ein Triple Crown schaffen möchte, muss man innerhalb von zwei Wochen insgesamt 18 Matches gewinnen – sieben im Einzel, sechs im Doppel und fünf im Mixed.

18. Was ist die Entry List?

Wer an einem Tennisturnier teilnehmen möchte, muss sich in der Regel vorher entsprechend anmelden. Für ATP-, WTA- und Grand-Slam-Turniere gilt: Sechs Wochen vor Turnierbeginn wird die Entry List, oder auch Acceptance List genannt, veröffentlicht. Auf dieser Liste befinden sich alle Spieler, die direkt im Hauptfeld des Turniers stehen. Um ins Hauptfeld zu gelangen, braucht es eine entsprechende Weltranglistenposition beim Meldeschluss.

Da die Entry List sechs Wochen vor Turnierbeginn veröffentlicht wird, kann es immer wieder vorkommen, dass sich Spieler bis zum jeweiligen

Turnier in der Weltrangliste nach vorne gespielt haben, aber dennoch nicht fürs Hauptfeld startberechtigt sind, weil ihre Ranglistenposition zuvor nicht ausgereicht hat. Spieler aus den Top 20 der Weltrangliste sind in der Regel für jedes Turnier qualifiziert, für das sie melden. Bei Grand-Slam-Turnieren schaffen es beispielsweise in der Einzelkonkurrenz bei den Herren 106 Spieler auf die Entry List. Die restlichen 22 Starter im Tableau des 128er-Feldes bei einem Grand-Slam-Turnier werden durch sechs Wildcard-Spieler sowie 16 Qualifikanten aufgefüllt.

Wer es aufgrund seiner Ranglistenposition nicht auf die Entry List eines Turniers geschafft hat, wird in der Liste der Alternates, der Nachrückerliste, geführt. Bedeutet: Sagt ein qualifizierter Spieler vor der Auslosung ab, rückt der in der Weltrangliste bestplatzierte Spieler auf der Alternate-Liste ins Hauptfeld.

Es kommt gelegentlich vor, dass Spieler die Meldefrist für ein Turnier verpassen und somit nicht auf der Entry List stehen, obwohl sie das Turnier eigentlich gerne spielen möchten. Besonders ist der Fall vom Deutschen Philipp Petzschner und Österreicher Jürgen Melzer bei den US Open 2012. Die beiden hatten ein Jahr zuvor die Doppelkonkurrenz bei den US Open gewonnen und standen ein Jahr später nicht auf der Entry List, weil sie die Anmeldung vergessen hatten.

„Der eine ist davon ausgegangen, dass es der andere macht", sagte Petzschner, die sich mit der Anmeldfrist vertan hatten. Während die Frist endete, saßen die beiden im Flugzeug. Für Petzschner und Melzer ging der Fauxpas noch mal gut aus. Als Titelverteidiger im Doppel erhielten die beiden von den US-Open-Veranstaltern eine Wildcard.

19. Was ist das Protected Ranking?

Die Weltrangliste bestimmt, welche Spieler in das Hauptfeld oder in die Qualifikation eines Turniers kommen. Schaut man sich die Entry List der Turniere genauer an, wird einem auffallen, dass hinter manchen Spielernamen das Kürzel „PR" steht. „PR" steht für Protected Ranking.

Das Protected Ranking wurde eingeführt, um Spieler zu schützen, die in der Weltrangliste aufgrund einer Verletzung zurückgefallen oder herausgefallen sind. Mit dem Protected Ranking können Spieler nach überstandener Verletzung trotz einer schlechten Platzierung in der Weltrangliste dennoch in das Hauptfeld oder die Qualifikation von Turnieren kommen. Ist ein Spieler sechs Monate oder länger verletzt, hat er Anspruch auf das Protected Ranking. Dieses muss allerdings schriftlich beantragt und anschließend genehmigt werden.

Wird dem Antrag nach einem Protected Ranking stattgegeben, ergibt sich die Weltranglistenposition, mit welcher der Spieler bei Turnieransetzungen anschließend berücksichtigt wird, aus der durchschnittlichen Platzierung der ersten drei Verletzungsmonate. Ein Spieler, der sechs Monate oder länger verletzt war, darf sein Protected Ranking neun Monate lang oder für insgesamt neun Turniere nutzen, nachdem er in den Turnierbetrieb wiedereingestiegen ist. Ausgenommen davon sind mögliche Turnierstarts dank einer Wildcard oder durch die aktuelle Weltranglistenposition nach der Verletzung.

Ist ein Spieler zwölf Monate oder länger verletzt, hat er zwölf Monate oder zwölf Turniere Anspruch auf sein Protected Ranking. Das Protected Ranking wird in der Regel vor allem für die Teilnahme an Grand-Slam-Turnieren genutzt, da es hier für die Spieler am meisten zu verdienen gibt.

Hat ein Spieler ein Protected Ranking von beispielsweise Platz 5, bedeutet dies aber nicht, dass er auch Anrecht auf eine Setzung bei den Turnieren hat. Bei den jeweiligen Turnieren wird die aktuelle Weltranglistenposition des Spielers mit einem Protected Ranking verwendet.

Im Damentennis werden Schwangerschaften als Verletzungspause eingestuft, sodass die Spielerinnen nach der Schwangerschaft ebenfalls Anspruch auf ein Protected Ranking haben. So dürfen die Spielerinnen, die schwanger waren, ihr Protected Ranking nach ihrer Rückkehr für zwölf Turniere innerhalb von drei Jahren benutzen.

20. Was ist das Hawk-Eye?

Tennis war stets eine Sportart, die von Fehlentscheidungen lebt. Die Spieler mussten sich immer auf das gute Auge von Schieds- und Linienrichtern verlassen. Strittige Szenen, die für reichlich Diskussionsstoff zwischen Spielern und Offiziellen sorgten, waren an der Tagesordnung. Mit der Einführung des Hawk-Eyes im Jahr 2006 wurde Tennis gerechter, denn es erlaubte Spielern, bei strittigen Szenen den Videobeweis zurate zu ziehen.

Das Hawk-Eye ist ein computergestütztes System zur Ballverfolgung. Ob ein Ball im Feld oder im Aus landete, kann mit dem Hawk-Eye-System mit einer extrem geringen Fehlerwahrscheinlichkeit nahezu zweifelsfrei geklärt werden. 3,66 Millimeter ist der mittlere statistische Fehlerquotient in der Analyse durch das Hawk-Eye-System.

Im Jahr 2001 wurde das System vom britischen Mathematiker Paul Hawkins entwickelt. Hawkins ist somit Namensgeber für das Hawk-Eye, das man auch als Falkenauge bezeichnet. Das englische Wort „hawk" bedeutet nämlich Falke.

Ein großer Auslöser für die recht schnelle Einführung des Hawk-Eyes im Tennis war das Viertelfinalmatch bei den US Open 2004 zwischen Serena Williams und Jennifer Capriati. Damals gab es für die Fernsehzuschauer bereits das Hawk-Eye-System, das jedoch im Match nicht zur Anwendung kam. Es gab einige Entscheidungen zuungunsten von Williams, die sich in der Hawk-Eye-Zeitlupe im Fernsehen als falsch herausstellten.

Für die größte Fehlentscheidung sorgte Schiedsrichterin Mariana Alves, die einen Ball von Williams überstimmte, der von dem Linienrichter gut gegeben wurde. Die Zeitlupen im Fernsehen belegten, dass der Ball klar vor der Linie war. Die Fehlentscheidung machte Williams fassungslos. Doch das Diskutieren mit der Schiedsrichterin half nichts. Besonders bitter für Williams: Als Capriati zum Match servierte, gab es zwei weitere Fehlentscheidungen, als zwei Bälle von Williams aus gegeben wurden, die auf der Linie gelandet waren.

„Ich bin gerade sehr wütend und verbittert. Ich fühle mich betrogen. Ich brauche keine Zeitlupen zu sehen. Ich kenne meine Schläge. Der Schlag war nicht nur drin, sondern nicht mal nahe an der Linie. Aber ich suche nicht nach Entschuldigungen. Ich sage nicht, dass ich verloren habe, weil ich betrogen wurde. Ich habe verloren, weil ich nicht richtig gespielt habe", sagte die frustrierte Williams bei der Pressekonferenz.

Im Jahr 2005 stimmte der Tennisweltverband ITF der Verwendung des Hawk-Eyes im Profitennis zu. Am 22. März 2006 beim Turnier in Miami schrieb die US-Amerikanerin Jamea Jackson Tennisgeschichte, indem sie als erste Spielerin eine sogenannte *Challenge* nahm und die Überprüfung des Ballabdrucks durch das Hawk-Eye anforderte. „Ich liebe es. Man wird nicht sauer. Man spielt bloß und macht sich keine Gedanken um die Entscheidungen der Schieds- und Linienrichter. Ich wollte die Erste sein, die das System benutzt", kommentierte Jackson.

Seit dem 19. März 2008 gilt folgende einheitliche Regelung bei der Verwendung des Hawk-Eyes. Ein Spieler hat pro Satz drei fehlgeschlagene Challenges zur Verfügung, um das Hawk-Eye zu befragen. Liegt der Spieler mit seinem Einspruch bei einer Entscheidung richtig, wird ihm keine Challenge abgezogen. Liegt er falsch, verliert er eine Challenge. Hat ein Spieler in einem Satz keine Challenge mehr übrig, kann er das Hawk-Eye nicht mehr befragen. Geht der Satz in den Tiebreak, bekommt jeder Spieler eine zusätzliche Challenge, sodass man maximal vier Challenges auf der Anzeigetafel stehen hat.

Von einigen Spielern wurde damals die Einführung des Hawk-Eyes kritisch gesehen, da es noch zu fehleranfällig sei und dem Tennis dadurch die menschliche Komponente genommen würde. So kritisierte Roger Federer: „Ich bezweifle, dass das System hundertprozentig genau ist. 99 Prozent, das mag sein, aber eben nicht 100 Prozent. Ich erlebe immer noch Fehlentscheidungen, die ich nicht nachvollziehen kann."

Mittlerweile ist das Hawk-Eye nicht mehr wegzudenken im Tennis. Bei strittigen Entscheidungen sorgt der Einsatz für einen großen Spannungsbogen bei Zuschauern und Spielern, wenn das Hawk-Eye die Entscheidung auf den großen Monitoren verkündet. Inzwischen wird das Hawk-Eye bei fast allen großen Turnieren verwendet. Bei Sandplatzturnieren vertraut man jedoch immer noch auf den Abdruck, den der Ball auf der roten Asche hinterlässt. Allerdings scheint es derzeit nur eine Frage der Zeit zu sein, wann auch bei den Sandplatzturnieren mit dem Hawk-Eye gespielt wird.

Das Hawk-Eye hat den Tennissport etwas revolutioniert. Und die nächste Revolution ist bereits im Gange. Das neue System, Hawk-Eye-Live, macht die Linienrichter überflüssig. Das Match wird nur vom Schiedsrichter geleitet. Die Linienrichter entfallen. Das Hawk-Eye-Live generiert automatisch ein akustisches Signal, wenn ein Ball außerhalb des Feldes landet. Einspruchsmöglichkeiten der Spieler gibt es so gut wie keine mehr.

Das Hawk-Eye-Live-System kam 2020 während der Corona-Pandemie bereits bei einigen großen Turnieren zum Einsatz, unter anderem bei den US Open 2020.

21. Was ist Chip and Charge?

Angriff ist die beste Verteidigung. So war lange Zeit auch die Devise im Profitennis, wo die Offensivspieler das Geschehen auf der Tour bestimmten. Doch im Laufe der Jahre ist die Defensive im Tennis immer wichtiger geworden. Wer nicht gut verteidigen kann, hat im modernen Tennis kaum noch eine Chance. Aufgrund der technischen Entwicklungen bei Schlägern und Saiten, die das Spiel immer schneller und athletischer machen, ist inzwischen eine Spielart kaum noch präsent. Die Rede ist von Chip and Charge.

Das Wort Chip steht für einen Ball, der früh genommen wird und bei dem der Schläger nur wenig ausholt und durchgezogen wird. Das Wort Charge steht für Angriff. Chip and Charge ist eine taktische Maßnahme im Match, indem ein Spieler den Ball seines Gegners früh nimmt, direkt ans Netz rückt, um den Gegner in die Defensive zu drängen, dessen Rhythmus zu brechen und ihn in eine Situation zu bringen, in der er sich unwohl fühlt.

Größtenteils wird Chip and Charge beim Return gespielt, um auf einen langsamen zweiten Aufschlag des Gegners mit einem Netzangriff zu antworten. In früheren Zeiten wurde beim Chip and Charge mit einem langsamen Slice gespielt. So gewann man mehr Zeit, um sich gut am Netz zu positionieren. Vor allem die Angriffsspieler Stefan Edberg, Patrick Rafter und Pete Sampras agierten gerne mit Chip and Charge auf langsame Aufschläge ihres Gegners.

Roger Federer sorgte im Jahr 2015 für Aufsehen, als er das Chip-and-Charge-Spiel für seine Zwecke anpasste. Seine Angriffsvariante beim Return wurde SABR genannt, was für Sneak Attack by Roger (Rogers Überraschungsangriff) steht. Bei dieser Form stürmte Federer bereits bei der Aufschlagbewegung seines Gegners in Richtung Netz und nahm den Aufschlag als offensiv geschlagenen Halbflugball direkt an der T-Linie.

Diese riskante Spielform, für die es viel Ballgefühl und Antizipationsfähigkeit braucht, nutzte Federer bei mehreren Hartplatzturnieren im Spätsommer 2015, um seine Gegner zu überraschen. Mit diesem taktischen Mittel gelangen dem Schweizer einige Punktgewinne, auch gegen starke Aufschläger. „Ihr könnt den Schlag nennen, wie ihr wollt. Ich fand den Namen einfach nur witzig", sagt Federer bezogen auf den SABR, über den alle Leute mit ihm sprechen wollten. „Sie meinen, es sei einfach die coolste Sache der Welt", erklärte Federer.

Während der Großteil der Tenniswelt Federer für diesen Kunstschlag feierte, gab es Kritik von Boris Becker, der den SABR als respektlos gegenüber dem Gegner bezeichnete. „Es gibt im Fußball ungeschriebene Regeln, und es gibt im Tennis ungeschriebene Regeln. Hätte er diesen Schlag gegen John McEnroe, Ivan Lendl, Jimmy Connors oder gar mich ausgepackt, hätten wir gesagt: ‚Roger, ganz ehrlich, ich mag dich sehr, aber noch einmal, und ich ziele voll auf dich'", kommentierte Becker. Während Federer im Jahr 2015 den SABR zeitweise regelmäßig einsetzte, kam sein Überraschungsangriff danach nur noch sehr selten zur Anwendung.

22. Was ist Choking?

Tennis ist ein mentaler Sport. Aufgrund der besonderen Zählweise kann es vorkommen, dass man mehr Punkte im Match macht als sein Gegner, aber dennoch verliert. Im Tennis muss man Punkt für Punkt spielen. Eine Führung über die Ziellinie zu retten oder über die Zeit zu bringen, ist nicht möglich. Man muss es zu Ende spielen, wie es so schön in der Alltagssprache von Tennisspielern heißt.

Vor allem für Amateurspieler stellt es eine große Herausforderung dar, den letzten Punkt machen zu müssen. Steht man kurz vor dem Sieg, wird man ultranervös und der Arm plötzlich schwer. Es schlägt und schwingt sich nicht mehr so leicht und so gut wie noch Momente zuvor. Die Angst vor dem Gewinnen ist auf einmal allgegenwärtig.

In der Fachsprache wird diese Situation als Choking bezeichnet, wenn ein Spieler kurz vor dem Sieg steht, plötzlich unerklärliche Fehler macht und das Match schließlich verliert.

Der wohl berühmteste Choke in der Geschichte des Profitennis ereignete sich im Wimbledon-Finale 1993 zwischen Jana Novotna und Steffi Graf. Novotna führte im dritten Satz mit Doppelbreak 4:1 und hatte bei 40:30 einen Spielball zu einer klaren 5:1-Führung. Novotna schlug einen Doppelfehler. Ihr Spiel brach anschließend völlig auseinander. Die Tschechin produzierte weitere zahlreiche Fehler. Die Deutsche nahm die Geschenke von Novotna an und gewann das Wimbledon-Finale.

Die meisten Experten sprachen hinterher davon, dass Graf das Finale nicht gewonnen hatte, sondern Novotna das Finale verloren hatte, weil sie den Sieg leichtfertig hergab und Graf somit die Rückkehr ermöglichte. Das wollte Novotna nicht bestätigen und verteidigte sich. „Ich glaube nicht, dass ich Steffi dieses Match geschenkt habe. Ich habe einfach nur ein paar Schläge nicht gemacht", sagte Novotna.

In den nächsten Jahren haftete an der Tschechin aufgrund weiterer Niederlagen nach klaren Führungen der Stempel eines Chokers, einer Spielerin, die in den entscheidenden Situationen an ihren Nerven scheiterte. Erst mit dem Sieg beim Wimbledon-Turnier 1998 schüttelte Novotna ihren Stempel als Choker endgültig von sich ab.

23. Was ist die Best-Effort-Regel?

Im Tennis zählt zwar jeder Punkt und jedes Spiel, aber einige Punkte und Spiele sind nicht so spielentscheidend wie andere. Als Sportsmann sollte es im Idealfall so sein, dass man bei jedem Ballwechsel sein Bestmögliches gibt. Nach dieser Devise verfährt Rafael Nadal.

„Ich spiele jeden Ballwechsel so, als ob mein Leben davon abhängt", sagte Nadal einst. Die Einstellung von Nadal zum Tennis ist herausragend, aber nicht die Regel. Tennisspieler sind Menschen, die Schwächen haben und auf dem Platz je nach Spielstand mit Stimmungsschwankungen zu kämpfen haben.

In den Regularien auf der ATP-Tour ist festgelegt, dass jeder Profi sein Bestes zu geben hat. In der sogenannten *Best-Effort-Regel* heißt es: „Ein Spieler soll während des Matches im Turnier seinen besten Einsatz zeigen. Bei einem Verstoß dagegen soll sich der Spieler einer Strafe von bis zu 10.000 US-Dollar für jeden einzelnen Verstoß aussetzen. Für diesen Zweck sollen der Oberschiedsrichter und/oder der Stuhlschiedsrichter das Recht haben, den Spieler zu bestrafen mittels des Punktebestrafungsplans."

Es ist jedoch ein schmaler Grat bei der Bewertung der Best-Effort-Regel. Die Grenze zwischen absichtlichem Schlechtspielen, höherer Risikobereitschaft bei einem Rückstand oder körperlicher Müdigkeit ist häufig nur marginal. Selbst Roger Federer, der Inbegriff von Sportsgeist und Leidenschaft für den Tennissport, wurde Opfer der Best-Effort-Regel. Bei einem Satellite-Turnier in Küblis in der Schweiz, ein Profiturnier der untersten Ebene, wurde der damals 17-Jährige wegen Lustlosigkeit bestraft und musste ein Strafgeld von 100 US-Dollar zahlen, da er laut Ansicht des Schiedsrichters gegen die Best-Effort-Regel verstoßen habe.

„Die Buße war gerechtfertigt", zeigte sich Federer einsichtig. 2002 beim Turnier in Dubai wurde Federer bei der Niederlage gegen den Deutschen Rainer Schüttler ebenfalls beschuldigt, nicht sein Bestes gegeben zu haben. Doch Federer entkam der Strafe. „Ich war in den letzten Spielen frustriert. Ich war jung und verrückt. Ich hatte die Nase voll und begann, volles Risiko zu spielen", rechtfertigte sich Federer Jahre später.

Es gibt weitere prominente Spieler, die gegen die Best-Effort-Regel verstoßen haben sollen. So musste der Russe Marat Safin nach seiner Auftaktniederlage bei den Australian Open 2000 eine Strafe von 2.000 US-Dollar bezahlen. Safins Landsmann Nikolay Davydenko bekam 2007 bei seinem Heimturnier in St. Petersburg nach einem Doppelfehler eine Verwarnung, weil er nicht den besten Einsatz gezeigt haben soll. Davydenko kassierte nach dem verlorenen Match eine Strafe von 2.000 US-Dollar.

Wer Tennismatches regelmäßig schaut, wird beobachten, dass das Abschenken von Punkten, Spielen oder gar Sätzen immer wieder vorkommt. Im Fachjargon spricht man hierbei vom sogenannten *Tanking*. Das Tanking wird häufig taktisch eingesetzt, wenn ein verloren geglaubtes Aufschlag- oder Returnspiel oder gar ein Satz hergeschenkt wird, um Kräfte für den weiteren Spielverlauf zu sparen.

Es kommt jedoch auch hin und wieder vor, dass ein komplettes Match „getanked" wird, wenn man nicht mehr an den Sieg glaubt. In diesem Fall werden Fehler mit Absicht gemacht, um das Match schnell zu beenden. Dies ist meist ein offensichtlicher Verstoß gegen die Best-Effort-Regel, der auch geahndet wird.

So wurde beim Wimbledon-Turnier 2019 das komplette Preisgeld vom Australier Bernard Tomic (45.000 Britische Pfund) einbehalten, weil er in seinem Erstrundenmatch nicht nach den nötigen professionellen Standards gespielt haben soll.

Ein Spieler, der offen zugegeben hat, dass er bei vielen Turnieren Tanking betrieben hat, ist der Australier Nick Kyrgios. Beim Turnier in Shanghai kassierte Kyrgios nach einem lustlosen Auftritt eine Strafe von insgesamt

16.500 US-Dollar. Alleine 10.000 US-Dollar musste er für mangelnden Einsatz büßen – die Höchststrafe bei einem Verstoß gegen die Best-Effort-Regel.

24. Was ist ein Fußfehler?

Tennisprofis müssen auf ihre Fußstellung beim Aufschlag zwingend achten, um nicht einen Fußfehler von den Linienrichtern zugerufen zu bekommen. Ganz anders sieht es im Amateurtennis aus. Man stellt fest, dass Fußfehler im Amateurtennis nicht die Ausnahme sind, sondern die Regel, es ist geradezu inflationär.

Im Regelwerk des Tennisweltverbands ITF wird laut Regel 18 ein Fußfehler gegeben, wenn ein Spieler während der Aufschlagbewegung seine Position durch Gehen oder Rennen ändert, oder wenn er die Grundlinie oder den Platz mit einem Fuß berührt, oder wenn er mit einem Fuß den Bereich außerhalb der imaginären Verlängerung der Seitenlinie berührt, oder wenn er die imaginäre Verlängerung der Aufschlagmarke im Zentrum mit einem Fuß berührt.

Bis zum Jahr 1961 musste beim Aufschlag ein Fuß auf dem Boden bleiben, sonst wäre der Aufschlag irregulär gewesen. Nach der Regeländerung, bei dem man beim Aufschlag nun mit beiden Füßen in der Luft sein durfte, war der „Jump Serve" geboren. Spätestens seitdem ist der Aufschlag der wichtigste und effektivste Schlag im Tennis.

In früheren Jahrzehnten wurden im Einzel weitaus häufiger Fußfehler gerufen als heutzutage, sicherlich auch aufgrund der vielen Serve-and-Volley-Spieler. Justin Gimelstob war selbst ein Serve-and-Volley-Spieler, merkte jedoch 2011 an: „Ich sage dies: 95 Prozent der Fußfehler werden nicht gegeben. Wenn sie gegeben werden, sind sie fast immer zu hundert Prozent korrekt."

Vor allem bei den US Open gab es in den letzten Jahren immer wieder bizarre Zwischenfälle wegen Fußfehlerentscheidungen. Lleyton Hewitt beschwerte sich 2001 im Match gegen James Blake beim Schiedsrichter darüber und deutete an, dass der dunkelhäutige Linienrichter diese Entscheidungen aus einem bestimmten Grund getroffen habe. 2008 rief Marat Safin den Oberschiedsrichter, weil gegen ihn beim zweiten Aufschlag ein Fußfehler verhängt wurde, weil er die Aufschlagmarke im Zentrum überschritten haben soll.

Den berühmtesten Zwischenfall gab es 2009 im Halbfinale zwischen Serena Williams und Kim Clijsters. Nachdem Williams mit dem zweiten Aufschlag einen Fußfehler begangen hatte, beschimpfte sie die Linienrichterin. Das resultierte schließlich in einem Strafpunkt. Dumm nur, dass der Fußfehler zum Matchball für Clijsters geführt hatte und die Partie danach beendet war.

Ein Jahr später rastete Andy Roddick nach einer völlig richtigen Fußfehlerentscheidung aus, weil die Linienrichterin ihm den falschen Fuß als Grund mitgeteilt hatte. Später erklärte Roddick, dass er zu weit gegangen sei. Dass ein Fußfehler ein Match entscheiden kann, hat der Fall Serena Williams gezeigt.

Die letzte prominente Fußfehlerarie leistete sich Ivo Karlovic beim Wimbledon-Turnier 2012 im Match gegen Andy Murray. Der Kroate legte, nachdem gegen ihn neun Fußfehler verhängt wurden, sogar eine formelle Beschwerde bei den Wimbledon-Veranstaltern ein und plädierte für ein „Slide-Eye", um genau zu überprüfen, ob ein Spieler tatsächlich einen Fußfehler begangen hat.

Mittlerweile ist die Technik im Tennis weiter vorangeschritten. Bei einigen Turnieren wurde bereits das System Hawk-Eye-Live benutzt, das den Einsatz von Linienrichtern überflüssig macht. Waren es vorher die Linienrichter, die über einen Fußfehler selbstständig bestimmten, gibt die Technik Hawk-Eye-Live nun automatisch ein Zeichen, wenn ein Spieler einen Fußfehler begeht.

Die Anzahl der Fußfehler ist im heutigen Tennis aber extrem zurückgegangen, da im Einzel nur noch selten Serve-and-Volley gespielt wird und Fußfehler meist begangen werden, wenn ein Aufschläger direkt ans Netz stürmt.

Und wer hält den Rekord für die meisten Fußfehler im Profitennis? Es soll der Schwede Stefan Edberg sein, der ein passionierter Serve-and-Volley-Spieler war und mit seinen Füßen häufig gegen die Regeln verstieß. Edberg beging in der ersten Runde bei den US Open 1983 im Match gegen Aaron Krickstein sage und schreibe 26 Fußfehler.

25. Was ist die australische Formation?

„Ein gutes Doppel kann eines der schnellsten und aufregendsten Sportevents sein", sagte einst die australische Legende John Newcombe. Das Doppel hat in den letzten Jahren an Bedeutung verloren und wird zumeist auf die Nebenplätze verbannt. Dabei deckt ein gutes Doppel alles ab, was der Tennissport zu bieten hat.

„Die Leute genießen das Doppelspiel mehr als das Einzel, weil sie weniger arbeiten müssen, einen Partner haben, den sie für die Niederlage verantwortlich machen können, und jemand da ist, der ihren Meckereien während des Spiels zuhört", scherzte der US-Amerikaner Bill Tilden, der große Star in den 1920er-Jahren.

Ein Doppel kann auch viel mehr bewirken als die Politik. Beim Wimbledon-Turnier 2002 schlossen sich der jüdische Israeli Amir Hadad und der muslimische Pakistaner Aisam-Ul-Haq Qureshi zu einer politisch brisanten Partnerschaft zusammen. Der pakistanische Verband drohte Qureshi mit dem Ausschluss vom Davis Cup. Doch dieser gab nicht nach und spielte mit Hadad. „Unser Spiel hat nichts mit Politik und Religion zu tun. Ich hoffe, die Leute erkennen, dass zwei Menschen, die als Feinde bestimmt sind, gut miteinander auskommen können", erklärte der Israeli Hadad.

Einige Jahre später wiederholte sich die Geschichte. Diesmal bandelte Qureshi mit dem indischen Hindu Rohan Bopanna an. Pakistan und Indien sind bis heute verfeindete Atommächte. Bopanna/Qureshi galten fortan als Friedensdoppel und brachten ihre Mission „Stop War, Start Tennis" unter die Leute.

Im Doppel gilt wie im Einzel: Es gibt nicht den einen Weg, um erfolgreich zu sein. Beim Doppelspiel unterscheidet man vier Formationen, die man als aufschlagendes Duo einnehmen kann. Die klassische Standardformation im Doppel ist, wenn der Aufschläger in der einen Platzhälfte an der Grundlinie steht und sein Partner in der anderen Platzhälfte im Aufschlagfeld positioniert ist.

Die zweite Formation im Doppel ist die Defensivformation, wenn neben dem Aufschläger auch sein Partner hinten an der Grundlinie steht.

Diese Formation wird gewählt, wenn sich ein Spieler am Netz nicht allzu wohlfühlt. Im Profitennis wird diese Variante in der Weltspitze nur selten vom aufschlagenden Duo eingesetzt, meist als taktisches Mittel. Allerdings kann diese defensive Variante auch durchschlagenden Erfolg haben. So spielten sich die Chilenen Fernando Gonzalez und Nicolas Massu mit der defensiven Doppelformation zur Goldmedaille bei den Olympischen Spielen 2004 in Athen.

Bei der „I-Formation" hockt oder kniet der Netzspieler auf der Höhe der T-Linie. Die I-Formation verursacht Unsicherheit beim returnierenden Doppel. Der returnierende Spieler weiß nicht, ob sich der Netzspieler nach links oder rechts bewegt – oder gar in der Mitte stehen bleibt.

Die vierte Doppelvariante beim Aufschlag ist die „australische Formation". Bei dieser Variante befinden sich sowohl der Aufschläger als auch der Netzspieler in der gleichen Platzhälfte, der Netzspieler steht etwas geduckt im Mittelfeld. Auch die australische Formation soll beim returnierenden Doppel für Verwirrung zu sorgen und den Returnspieler unter Druck setzen, indem der sichere Return crosscourt durch den Netzspieler zugestellt wird. Je nach Absprache kann der Netzspieler auf die andere Seite wechseln, sodass der Aufschläger, wie üblich, geradeaus in Richtung Netz läuft. Die genauen Laufwege werden durch das aufschlagende Team in der Regel vorher abgesprochen.

Die australische Formation hat ihren Namen daher, dass diese Variante früher von vielen Australiern gespielt wurde und diese viele Jahrzehnte das Nonplusultra im Doppel waren. So hielt John Newcombe mit 17 Grand-Slam-Titeln im Doppel lange Zeit den Rekord. Das australische Duo Todd Woodbridge und Mark Woodforde, genannt „die Woodies", gewann zusammen elf Grand-Slam-Titel. Das beste Doppel der Geschichte bildeten die Zwillinge Bob Bryan und Mike Bryan. Die US-Amerikaner gewannen zusammen 119 Titel, darunter 18 Grand-Slam-Titel.

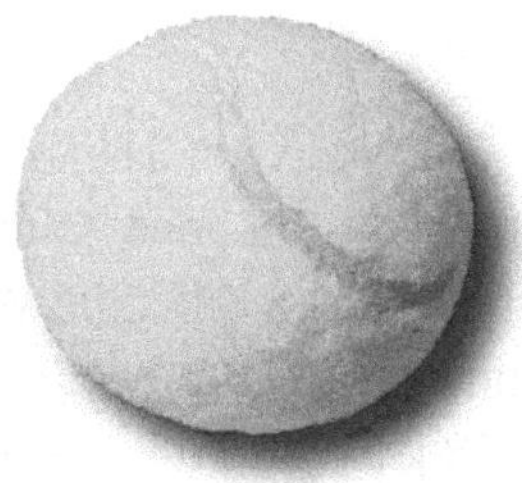

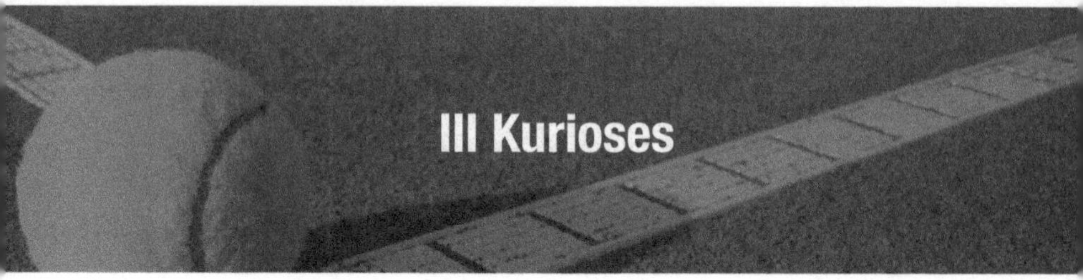

III Kurioses

26. Warum wird im Tennis so viel gestöhnt?

Für einige Fans ist es schlichtweg Lärmbelästigung und nimmt die Freude am Spiel, für andere gehört es mittlerweile zum Tennis dazu. Die Rede ist vom exzessiven Stöhnen im Tennis. Das Stöhnen war früher verpönt, mittlerweile gibt es nur wenige Spieler, die ohne Stöhnen im Match auskommen.

Jimmy Connors im Herrentennis und Monica Seles im Damentennis machten das Stöhnen salonfähig. Seles geriet wegen ihres exzessiven Stöhnens in die Kritik. Im Wimbledon-Halbfinale 1992 beschwerte sich Martina Navratilova bei der Schiedsrichterin über die Lautstärke der damals 18-jährigen Seles, die dann das Stöhnen phasenweise einstellte.

„Ich wollte nicht, dass jeder sauer auf mich ist, ich wusste nicht, was ich tun sollte. Es war so, als ob ich meine beidhändige Vorhand ändern würde. Ich wusste einfach nicht mehr, wie man Tennis spielt ohne diese lauten Ausrufe bei jedem Durchschwingen", schrieb Seles in ihrer Biografie *Getting a Grip* über diese Situation. Seles gewann zwar das Halbfinale gegen Navratilova, nahm sich aber vor, im Endspiel gegen Steffi Graf ihren Lautstärkepegel zu senken.

„Großer Fehler. Das war eines der wenigen Dinge, die ich im Leben bereut habe", erklärte Seles, die im Finale gegen Graf mit 2:6, 1:6 chancenlos war. Seles kam mit ihrem Stöhnen auf knapp 100 Dezibel. Zum Vergleich: Ein normales Gespräch hat ca. 65 Dezibel. Ein U-Bahnzug hat 100 Dezibel.

Als Seles ihre Karriere beendete, kam eine andere Spielerin hervor, die das exzessive Stöhnen noch eine Spur lauter zelebrierte: Maria Sharapova. Die Russin kam in ihrer Karriere regelmäßig über die 100-Dezibel-Marke und bewegt sich somit im Geräuschbereich einer Kreissäge. 105 Dezibel wurden bei Sharapova gemessen – so laut wie ein Rasenmäher.

Sharapova musste viel Kritik einstecken bezüglich ihres Stöhnens. Die Russin versicherte immer wieder, dass das Stöhnen von klein auf ihr Begleiter auf dem Tennisplatz ist. „Ich stöhne beim Tennisspielen schon immer so laut – solange ich mich erinnern kann. Das sehe ich immer wieder in Videos von früher", sagte Sharapova. Kurioserweise war ihr Geräuschpegel bei ihrem ersten Grand-Slam-Titel und wohl größten Triumph, dem Wimbledon-Sieg 2004, deutlich geringer als in der Folgezeit.

Es gibt aber noch eine Spielerin, die Sharapova beim Stöhnen übertrumpfte. Bei der Portugiesin Michelle Larcher de Brito wurden 109 Dezibel gemessen – ungefähr so laut wie Löwengebrüll oder eine Kettensäge. „Ich könnte ja damit aufhören. Aber das wäre unnatürlich. Ich bin eine Frau und wir sind nicht dafür geschaffen, den Mund zu halten. Niemand kann mir befehlen, damit aufzuhören. Tennis ist ein Individualsport, und ich bin eine Individualsportlerin", sagte Larcher de Brito.

Bleibt noch zu klären, welchen Nutzen das exzessive Stöhnen hat. Anscheinend eine ganze Menge. Laut Forschern der Universität British Columbia und der Universität Hawaii haben Spieler, die während der Ballwechsel exzessiv stöhnen, einen Vorteil.

In einer Studie haben die Forscher den Lautstärkeeffekt auf die Wahrnehmung der gegnerischen Spieler untersucht. Bei einem von außen störend eingreifenden Geräusch sind die Reaktionen der gegnerischen Spieler langsamer und weniger präzise, hieß es in der Studie. Diejenigen, die sich über das Stöhnen ihrer Gegner während der Ballwechsel beschweren, sehen sich wohl durch diese Studie bestätigt. Eine Studie der Universität Jena belegte zudem: Je lauter das Stöhnen, desto kraftvoller wird der Ball erwartet. Zudem soll die durchschnittliche Geschwindigkeit eines Grundschlags um 3,8 Prozent steigen, wenn man stöhnt.

Beim Thema Stöhnen scheiden sich im Tennis die Geister. Die einen fordern eine Regel, die exzessives Stöhnen eindämmt, für die anderen gehört es zum kraftvollen und athletischen Tennisspiel dazu. Tennis-Ikone Martina Navratilova sieht es so: „Ich sollte dieses Geräusch nicht machen, um meinen Gegenspieler zu behindern. Es ist kein direktes Schummeln, aber schon Schummeln auf eine Art, weil du es für deinen Gegner schwierig machst, den Ball zu hören, wenn er auf den Schläger trifft, und das sollte so nicht sein."

27. Wer zerstörte die meisten Schläger?

Eigentlich sollte der Tennisschläger der Freund eines Spielers sein. Denn das harmonische Zusammenspiel zwischen Spieler und Schläger entscheidet über Sieg und Niederlage. Es gibt Spielertypen, die eine nicht so harmonische Beziehung zu ihrem Racket pflegen und ihren Frust über verpatzte Schläger und Fehler gerne an ihrem Spielgerät auslassen.

Marat Safin gehörte zu dieser Fraktion. Beim Russen, der zwei Grand-Slam-Turniere gewann und die Nummer eins der Welt war, lagen Genie und Wahnsinn dicht beieinander. Safin war bekannt für seine Wutausbrüche auf dem Platz. In seiner Karriere soll er sage und schreibe 1.055 Schläger zerstört haben. Sein Schlägersponsor Head, der Safin von Beginn bis zum Ende der Karriere begleitete, führte genau Buch über die zerbrochenen Schläger. „Ich habe ein Snowboard von Head bekommen. Sie haben dort 1.055 draufgeschrieben. Sie haben jeden einzelnen Schlägerbruch gezählt", sagte Safin.

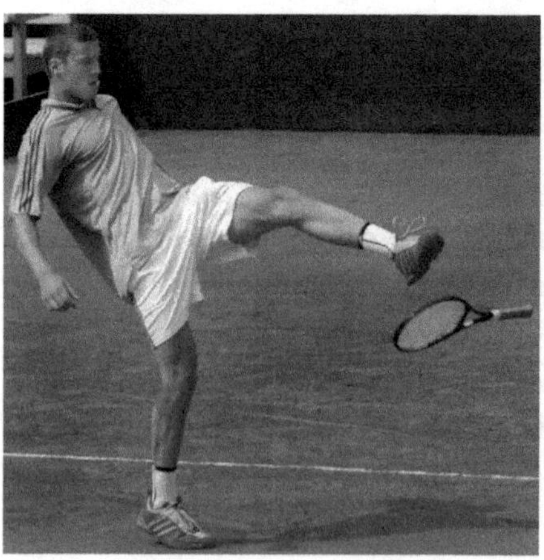

Für seinen Rüpelrekord wurde der Russe im Jahr 2011 sogar von der Spielervereinigung ATP ausgezeichnet. „Ich bin ein Typ, der in keine Schablone passt. Und Tennis konnte nie mein ganzes Leben sein", sagte Safin. Der Russe war für sein wildes Partyleben und als Frauenheld abseits des Platzes bekannt. Das Jahr 2009, das letzte in seiner Karriere, begann Safin beim Hopman Cup in Perth mit einem blauen Auge. Kurz zuvor war er in Moskau in eine Schlägerei geraten. „Ich habe den Kampf gewonnen. Mir geht es gut. Ihr hättet mal den anderen Typen sehen sollen", schilderte Safin amüsiert den Vorfall.

28. Was war die kurioseste Aufgabe?

Goran Ivanisevic war der Herr der Asse und schlug seinen Gegnern Servicewinner am Fließband um die Ohren. Doch der Kroate stand sich oft selbst im Weg. Sein temperamentvolles Verhalten auf dem Platz, das oft in Flüchen und dem Zerbrechen von seinen Schlägern ausartete, machte ihn zu einem der charismatischsten Tennisspieler seiner Zeit.

Er selbst sagte, dass er es stets mit fünf Gegnern während eines Matches zu tun habe: Schiedsrichter, Publikum, Balljungen, Platz und sich selbst. Wenn es beim Kroaten aber mal nicht so gut lief, musste häufig sein Spielgerät darunter leiden. Im Jahr 2000 gab es solch eine Situation bei Ivanisevic. Der Kroate war nur noch die Nummer 134 der Weltrangliste.

Bei seinem Achtelfinalmatch beim ATP-Turnier in Brighton (Großbritannien) gegen den Südkoreaner Hyung-Taik Lee war er derart in Rage, dass er all seine Schläger zerstörte und auf einmal ohne brauchbares Spielmaterial dastand. Ivanisevic hatte nur drei Schläger in seine Tasche gepackt und zerstörte seinen letzten, als er im dritten Satz zwei Doppelfehler in Folge schlug. Der Kroate kassierte daraufhin einen Punktabzug und das Break zum 1:3.

Er musste dem verdutzten Schiedsrichter erklären, dass ihm die Schläger ausgegangen sind und er nicht mehr weiterspielen kann. Da Ivanisevic nicht mit dem Schläger seines Doppelpartners Ivan Ljubicic spielen wollte, weil er mit der Schlägermarke nicht zurechtkam, blieb ihm nichts anderes übrig, als das Match aufzugeben. „Mr. Ivanisevic kann nicht weiterspielen, weil ihm adäquates Material fehlt", teilte der Schiedsrichter den verblüfften Zuschauern mit.

Ein absolutes Novum in der Tennisgeschichte. „Ich wollte hier eigentlich gar nicht spielen. Das war eine blöde Entscheidung. Ich wusste, dass irgendwas passieren würde. Ich dachte, dass ich nur drei Schläger für das Turnier brauche, weil ich es eh nicht gewonnen hätte. Nun gehe ich nach Hause und besorge mir vielleicht ein paar neue Schläger für Weihnachten, aber ich spüre, dass ich diese vielleicht auch zerstören werde", erklärte Ivanisevic.

Der Kroate zeigte sich nach der kuriosesten Aufgabe der Tennisgeschichte geknickt. „Wenn ich meine Tenniskarriere beende, erinnern sich die Leute wenigstens an etwas. Sie werden sagen: ‚Da ist der Typ, der nie Wimbledon gewonnen hat, aber all seine Schläger zerstört hat'", orakelte Ivanisevic. Er sollte Unrecht behalten. Ein halbes Jahr später hatte der Kroate genügend Schläger in der Tasche und gewann als Wildcard-Spieler sensationell in Wimbledon. Eine Leistung, die mit dem Namen Goran Ivanisevic noch viel mehr verbunden ist als sein legendärer Wutausbruch.

29. Welche Dopingsünder gab es im Tennis?

„Tennis ist sauber. Ich würde für alle Topspieler, die ich kenne, meine Hand ins Feuer legen. Wir werden oft kontrolliert. Und selbst wenn sich jemand etwas reinhauen würde, glaube ich nicht, dass er dadurch besser spielen würde", sagte Dominic Thiem im Interview mit dem *Socrates Magazin* zum Thema Doping im Tennis. Die Meinung von Thiem scheint etwas blauäugig zu sein, wenn man sich die erwischten Dopingsünder im Tennis anschaut.

Darunter sind einige prominente Namen, sogar einige Weltranglistenerste. Für den Dopingfall mit dem größten Aufsehen sorgte Maria Sharapova. Als die Russin am 7. März 2016 in Los Angeles eine Pressekonferenz einberief, dachte man an ein mögliches Karriereende oder an eine neue Geschäftsidee. Stattdessen überraschte Sharapova mit der Aussage, dass sie nach dem verlorenen Australian-Open-Viertelfinale gegen Serena Williams im Januar 2016 positiv auf das Dopingmittel Meldonium getestet wurde.

„Ich habe einen großen Fehler gemacht", räumte die Russin ein. Sie habe jahrelang das Herzmittel Meldonium genommen, das bis Ende 2015 nicht auf der Dopingliste gestanden hatte. „Ich habe nicht auf die Liste geschaut", erklärte Sharapova im Hinblick darauf, dass Meldonium mit Beginn 2016 auf die Dopingliste gesetzt wurde. Sharapova wurde zunächst rückwirkend für zwei Jahre gesperrt. Nach ihrem Einspruch wurde die Sperre um neun Monate verkürzt.

Ein weiterer prominenter Dopingfall war der von Martina Hingis. Die Schweizerin, jüngste Nummer eins und jüngste Grand-Slam-Siegerin im Damentennis, wurde 2007 beim Wimbledon-Turnier positiv auf Kokain getestet. Hingis wurde rückwirkend für zwei Jahre gesperrt. Auswirkungen auf ihre Karriere hatte dies nicht, weil Hingis wegen anhaltender Verletzungsprobleme ohnehin nicht mehr weiterspielen wollte.

Den positiven Dopingtest auf Kokain erklärte sich Hingis so: Man habe ihr das Kokain in einen Orangensaft getan. Hingis kehrte einige Jahre nach Ablauf ihrer Dopingsperre doch auf die Tour zurück, aber nur als Doppelspielerin. Sie feierte im Doppel weitere zahlreiche Erfolge und wurde sogar ein weiteres Mal die Nummer eins der Welt.

Der Franzose Yannick Noah, French-Open-Sieger von 1983, behauptete in den 1980er-Jahren, bevor es systematische Dopingtests gab, dass jeder zweite Tennisprofi Kokain konsumieren würde. Bei den French Open 1995 wurden Mats Wilander und Karel Novacek positiv auf Kokain getestet und jeweils für drei Monate gesperrt.

Besonders skurril war der Dopingfall von Richard Gasquet. Der Franzose wurde im Jahr 2009 bei einer Dopingprobe positiv auf Kokain getestet. In einer Haarprobe wurden jedoch keine Spuren von Kokain festgestellt. Gasquet erklärte sich eine positive Urinprobe so, dass er in einem Nachtclub eine Frau auf den Mund geküsst habe, die zuvor Kokain zu sich genommen habe. In der Argumentationskette des Franzosen konnte er glaubwürdig darlegen, dass in dem Nachtclub Kokain im Umlauf war. Die einjährige Dopingsperre für Gasquet wurde schließlich auf zwei Monate und 15 Tage verkürzt.

Ebenfalls positiv getestet wurde der Grand-Slam-Sieger Petr Korda. Der Tscheche gewann im Januar 1998 die Australian Open und rückte in der Weltrangliste auf Platz zwei vor. Im Juni 1998 wurde er beim Wimbledon-Turnier positiv auf das Dopingmittel Nandrolon getestet. Doch anstatt einer Sperre bestrafte man Korda zunächst nur mit dem Abzug seines Preisgeldes in Wimbledon sowie der erzielten Weltranglistenpunkte. Erst ein Jahr später wurde Korda für dieses Dopingvergehen ein Jahr gesperrt. Er beendete anschließend seine Karriere.

Der Kroate Marin Cilic wurde 2013 beim ATP-Turnier in München positiv auf das Stimulansmittel Nikethamid getestet. Die verbotene Substanz soll durch den Verzehr eines Energieriegels in den Körper gelangt sein. Die Sperre von Cilic wurde nach einem Einspruch von zunächst neun Monaten auf insgesamt vier Monate reduziert. Cilic gewann ein Jahr nach seiner Dopingsperre bei den US Open 2014 seinen ersten und einzigen Grand-Slam-Titel.

Für eine Dopingbeichte der besonderen Art sorgte Andre Agassi. Der Ehemann von Steffi Graf gab im Jahr 2009, drei Jahre nach seinem Karriereende, in seiner Autobiografie zu, dass er im Jahr 1997 Crystal Meth zu sich genommen habe, als er in einer tiefen Lebenskrise steckte. Als Agassi positiv auf Crystal Meth, ein Methamphetamin, getestet wurde, schrieb er „einen Brief voller Lügen, verwoben mit kleinen Wahrheitsschnipseln" an die ATP und bat um „Verständnis und Nachsicht". Statt einer dreimonatigen Sperre wurde der Fall seitens der ATP nicht weiter verfolgt und kam erst durch Agassis Beichte in seiner Biografie an die Öffentlichkeit.

30. Welche Tennisspieler mussten ins Gefängnis?

Wenn ein Profisportler ins Gefängnis muss, dann kann man sich sicher sein, dass der mediale Aufschrei groß ist. Auch Tennisspieler sind mit dem Gesetz in Berührung gekommen, mit der Folge, dass sie schließlich ins Gefängnis mussten. Fangen wir mit dem kleinsten Delikt an.

Ernests Gulbis wurde im Jahr 2009 beim ATP-Turnier in Stockholm verhaftet. Der Vorwurf: Prostitution. Der Lette, ehemals Nummer zehn der Welt, wurde in Gewahrsam genommen, als er in seinem Hotel mit Prostituierten auftauchte. In Schweden ist die Rechtslage so, dass Freier für die Kontaktanbahnung zu Prostituierten bestraft werden können. Und so musste Gulbis eine Nacht im Gefängnis verbringen und kam nach einem Bußgeld von 2.500 schwedischen Kronen (ca. 300 Euro) wieder frei. Einen Tag später trat Gulbis zu seinem Erstrundenmatch in Stockholm an und verlor.

Rückblickend war die Verhaftung für den Letten eine amüsante Episode. „Es war ein Riesenspaß. Es ist wirklich interessant, da sie sehr strikt sind. Ich war für eine Nacht im Gefängnis, etwa sechs Stunden, ich habe ein bisschen geschlafen. Dann kam der Staatsanwalt und fragte mich, was passiert ist, und dann sagte er: ‚Sorry, wir wussten nicht, dass es das war'. Und er ließ mich gehen, nachdem ich eine Strafe bezahlt habe. Ich habe die Minimalstrafe gezahlt, weil ich ein Gesetz in Schweden verletzt habe. Es ist dieselbe Strafe, die ich kriegen würde, wenn ich eine Telefonzelle zertrümmern würde. Ich habe 300 Euro gezahlt, um aus dem Gefängnis zu kommen, da ich ein Match in ein paar Tagen spielen musste und nicht mehr dort bleiben konnte", schilderte Gulbis.

Auch Bernard Tomic musste für eine Nacht ins Gefängnis. Der Australier, der in jungen Jahren als kommender Superstar im Tennis angepriesen wurde und in seiner Karriere durch zahlreiche Eskapaden Schlagzeilen machte, wurde im Jahr 2015 wegen Landfriedensbruch und Widerstand gegen die Staatsgewalt festgenommen, als er mit seinen Freunden eine ausgelassene und laute Party gefeiert hatte.

Tomic war mit freiem Oberkörper auf dem Polizeifoto zu sehen. Für eine Kaution von 2.000 US-Dollar kam er frei. „Es war ganz klar mein Fehler. Ich entschuldige mich bei der Polizei und beim Hotel für die verursachte Unruhe", zeigte sich Tomic anschließend reumütig.

Roscoe Tanner, Australian-Open-Sieger 1977 und Wimbledon-Finalist 1979, kam zahlreiche Male mit dem Gesetz in Konflikt. Der US-Amerikaner, der für seine kompromisslose Spielweise auf dem Platz und sein ausschweifendes Leben neben dem Platz bekannt war, musste nach seiner Karriere mehrere Male ins Gefängnis. Tanner wurde wegen Scheckbetrugs, schweren Diebstahls sowie nicht nachgekommener Unterhaltszahlungen mehrmals verurteilt.

„In meinen wildesten Träumen habe ich es nicht für möglich gehalten, dass bei ihm etwas schiefläuft. Roscoe hat alle getäuscht", sagte John McEnroe über Tanner, mit dem er 1981 den Davis Cup gewonnen hatte.

Auch der deutsche Profi Maximilian Abel, eines der größten deutschen Talente, musste ins Gefängnis. Abel, ehemals Nummer 183 der Welt, wurde im Jahr 2007 wegen Kokainkonsums zwei Jahre von der Profitour ausgeschlossen. Es kam noch viel schlimmer für Abel, der wenige Zeit später festgenommen wurde, als er gerade Kindern Tennistraining gab. Der Vorwurf: Scheckkartendiebstahl sowie Betrug.

Abel kam zunächst sieben Monate in Untersuchungshaft und legte ein Geständnis ab, dass er aus Geldnot Bekannten und Mitbewohnern eines Hochhauses Scheckkarten aus deren Briefkästen gestohlen habe und diese auch einsetzte. „Ich hatte ein großes Alkoholproblem, war drei-, viermal in der Woche stark betrunken. Außerdem nahm ich Koks, Pillen, Joints und Antidepressiva zu mir", erklärte er und gestand zudem, dass er sich immer wieder Damen beim Escortservice bestellte, die er um ihren Lohn geprellt haben soll. Der Deutsche wurde schließlich wegen „rücksichtslosem und dreistem Verhalten" zu drei Jahren Gefängnis verurteilt.

Abel kam nach zwei Jahren in den offenen Vollzug und startete ein Comeback als Profispieler. Der Deutsche musste jedoch wieder vor Gericht. Er stahl einem Kollegen die Kreditkarte und soll sich damit für 70 Euro Sushi und in einem Hotel in Frankfurt eine Escortdame für 460 Euro bestellt haben sowie nach zwei Stunden Pause eine weitere. Zudem stahl er Bankbriefe seiner Nachbarn und überwies sich damit selbst 1.900 Euro.

„Das mit der Kreditkarte stimmt nicht", beteuerte Abel zunächst. „Warum haben wir dann Ihre Fingerabdrücke auf den Belegen? Zeigefinger, Mittelfinger, Daumen!", entgegnete der zuständige Richter. „Ja, stimmt doch", räumte Abel ein und gab an, dass er mit den Überweisungen seine Spielsucht finanzieren wollte. Abel wurde zu einem Jahr auf Bewährung verurteilt. Es folgte noch eine weitere Verurteilung wegen Urkundenfälschung und Betrug für das deutsche Toptalent, das nie den Durchbruch schaffte.

Die Gefängnisstrafen von Gulbis, Tomic, Tanner und Abel waren jedoch eher geringfügig im Vergleich zum in Australien geborenen Südafrikaner Bob Hewitt. Hewitt, der insgesamt 15 Grand-Slam-Titel im Doppel und Mixed gewann, wurde im Jahr 2015 wegen Vergewaltigung und sexueller Belästigung Minderjähriger zu einer Gefängnisstrafe von sechs Jahren verurteilt. Hewitt wurde nach seiner Verurteilung aus der Tennis Hall of Fame gestrichen, in die er 1992 aufgenommen wurde.

31. Warum gibt es eine Altersregelung bei den Damen?

Wunderkinder waren im Damentennis früher üblich. Dass Teenagerinnen Turniere, sogar Grand-Slam-Turniere, gewonnen haben, war nicht die Ausnahme, sondern die Regel. Als Teenagerin konnte man damals so viele Profiturniere spielen, wie man wollte. Der Fall Jennifer Capriati hat im Damentennis aber zu einer Regeländerung geführt, die es jungen Spielerinnen etwas schwerer macht, an Turnieren teilzunehmen und im Profitennis schnell nach oben zu kommen.

Capriati, die als Teenagerin für Begeisterung sorgte und mit 16 Jahren Olympiagold gewann, rebellierte mit Beginn der Volljährigkeit. Sie wurde wegen Marihuanabesitzes inhaftiert. Das Polizeifoto der US-Amerikanerin ging um die Welt.

Nach den Ereignissen um Capriati sowie dem Verheizen anderer Wunderkinder gibt es auf der WTA-Tour mittlerweile eine Altersregelung, dass es erst mit 18 Jahren die volle Startberechtigung gibt. Vorher dürfen die Teenagerinnen nur eine begrenzte Anzahl von Profiturnieren spielen.

Während Capriati bereits im Alter von 13 Jahren bei den Profis für Furore sorgte, darf man bei den Damen mittlerweile erst mit 14 Jahren ins Profitennis einsteigen. Als 14-Jährige sind maximal acht Turniereinsätze innerhalb eines Jahrs erlaubt, als 15-Jährige sind es maximal zehn Starts, als 16-Jährige sind es maximal 13 Turniere, als 17-Jährige sind es maximal 17 Turniereinsätze. Starts beim Mannschaftwettbewerb Fed Cup werden in diese Regelung nicht mit eingerechnet.

Sollte sich eine Minderjährige für das Saisonfinale der acht besten Spielerinnen des Jahres qualifizieren, dürfte sie ebenfalls an den Start gehen. Für die US-Amerikanerin Cori Gauff, die mit 14 Jahren die Nummer eins bei den Juniorinnen war, wurde bei der Altersregelung aufgrund ihrer Erfolge allerdings eine Ausnahmeregelung gemacht. Die WTA erlaubte Gauff, als 15-Jährige zwei Turniere mehr zu spielen, als in der Regelung vorgesehen ist. Die US-Amerikanerin gewann mit 15 Jahren und sechs Monaten ihren ersten Titel auf der WTA-Tour und wurde die neuntjüngste Titelträgerin auf der WTA-Tour.

32. Gab es Fünfsatzmatches bei den Damen?

Immer, wenn es zu einem Grand-Slam-Turnier kommt, stellt sich auch die Frage nach der Gerechtigkeit der Verteilung des Preisgelds zwischen Damen und Herren. Während die Herren über drei Gewinnsätze spielen, brauchen die Damen nur zwei Sätze für den Sieg. Dies führt zu ständigen Diskussionen, ob das gleiche Preisgeld, das inzwischen bei allen vier Grand-Slam-Turnieren an Damen und Herren ausgeschüttet wird, gerechtfertigt ist.

Kritiker sagen, dass die Damen weniger leisten müssen für ihr Preisgeld und ein Grand-Slam-Turnier nicht so anstrengend ist wie ein reguläres WTA-Turnier, da man bei einem Grand-Slam-Turnier im Vergleich zu einem WTA-Turnier in der Regel nur alle zwei Tage spielt. Allerdings ist es nicht so, dass es an Bereitschaft der Damen mangelt, bei den Grand-Slam-Turnieren über drei Gewinnsätze zu spielen.

„Ich denke, wir sind fit und stark genug, um fünf Sätze zu spielen", sagte Angelique Kerber einst. Und die Spielerinnenvereinigung WTA gab 2013 grünes Licht für Best-of-Five-Matches bei den Damen. „Wir sind bereit, gewillt und in der Lage – man muss uns nur fragen", sagte die damalige WTA-Chefin Stacey Allaster. Die Entscheidung für die Einführung von Best-of-Five-Matches liegt jedoch beim Tennisweltverband ITF sowie bei den Veranstaltern der Grand-Slam-Turniere. Diese haben sich bislang dagegen ausgesprochen, auch wenn 1976 sogar die Spielerinnen dafür votiert haben.

„Wir kämpfen nicht um Geld. Alles, was wir wollen, ist Gleichheit", sagte damals die mehrmalige Grand-Slam-Siegerin Betty Stöve.

Es gab jedoch eine kurze Zeitspanne, in denen die Damen über drei Gewinnsätze gespielt haben. Bei den US Open wurde zwischen 1891 und 1901, mit der Ausnahme von 1893, das Finale im Modus Best-of-Five ausgetragen. Das erste Fünfsatzmatch der Geschichte bei den Damen spielten 1892 die Britin Mabel Cahill und die US-Amerikanerin Elisabeth Moore. Vier weitere Fünfsatzmatches im Finale der US Open sollten folgen.

Beim WTA-Masters, dem Saisonfinale der besten Spielerinnen, wurde im New Yorker Madison Square Garden von 1984 bis 1998 das Finale über Best-of-Five gespielt. Dabei kam es zu drei Endspielen, die über die volle Distanz gingen. 1990 siegte Monica Seles gegen Gabriela Sabatini in fünf Sätzen. 1995 und 1996 gewann Steffi Graf gegen Anke Huber und Martina Hingis in fünf Sätzen. Während Graf sich damals von der Idee, mehr Matches über drei Gewinnsätze zu spielen, nicht besonders angetan zeigte, sah Huber viel Gutes darin.

„Fünf Sätze sind toll für das Damentennis und toll für die Spielerinnen. Ich denke, man sollte dies im Finale der Grand-Slam-Turniere haben. Jede Spielerin kann das schaffen", sagte die Deutsche. Huber hatte allerdings vergessen, dass solch eine Entscheidung kurz zuvor bereits getroffen wurde. Nach dem Damenfinale 1994 hatten die Veranstalter der Australian Open bekannt gegeben, dass das Damenfinale 1995 über drei Gewinnsätze gespielt werden sollte.

Die Australian Open hatten diese Entscheidung jedoch über den Kopf der WTA und der Spielerinnen getroffen. Die Spielerinnen rebellierten wegen der aus ihrer Sicht respektlosen Nichtkommunikation und sorgten dafür, dass das Finale 1995 wie gewohnt über zwei Gewinnsätze ausgetragen wurde. Ob es in Zukunft noch mal Best-of-Five-Matches bei den Damen geben wird, darf bezweifelt werden. Der Trend geht derzeit zu kürzeren Matches und anderen Formaten, sodass eher darüber diskutiert wird, die Best-of-Five-Matches bei den Herren abzuschaffen, als diesen Modus bei den Damen einzuführen.

33. Wer hat den Tiebreak erfunden?

Die einen lieben ihn wegen des besonderen Nervenkitzels, die anderen verfluchen ihn aus dem gleichen Grund. Der Tiebreak ist nicht mehr wegzudenken und hat den Tennissport revolutioniert. Mit der Einführung des Tiebreaks wurden Tennismatches deutlich kürzer.

Der Erfinder des Tiebreaks (zu Deutsch: Gleichstandsbrecher) ist James „Jimmy" Henry van Alen, der 1954 die Tennis Hall of Fame, die Ruhmeshalle des Tennissports, im US-Bundesstaat Rhode Island gründete. Van Alen nahm als Spieler an Grand-Slam-Turnieren teil, wenn auch ohne großen Erfolg.

Der US-Amerikaner setzte sich nach seiner aktiven Karriere das Ziel, die Länge von Tennismatches zu verkürzen. Zum damaligen Zeitpunkt brauchte es für einen Satzgewinn zwei Spiele Vorsprung, sodass Satzergebnisse von beispielsweise 12:10 keine Seltenheit waren.

Bei den U.S. Pro Championships im Jahr 1955 und 1956 kam das nach van Alen benannte VASSS-System (Van Alen Streamlined Scoring System) zum Einsatz, bei dem genauso wie damals im Tischtennis über drei Gewinnsätze mit 21 zu erzielenden Punkten gespielt wurde und das Aufschlagrecht nach fünf Punkten wechselte. Der Versuch kam jedoch beim Publikum nicht an, sodass man im nächsten Jahr zur traditionellen Zählweise zurückkehrte. Van Alen gab aber nicht auf in seinem Versuch, Tennismatches kürzer und spannender zu machen.

„Ich denke, dass ich die beste Idee habe und werde darum kämpfen. Es ist im besten Interesse für das Spiel", sagte der US-Amerikaner. 1965 erschuf van Alen den Tiebreak in zwei Varianten. Zum einen den „Sudden Death Tiebreaker", bei dem der Spieler den Tiebreak gewinnt, der als Erster fünf Punkte erzielt. Beim Stand von 4:4 haben beide Spieler Matchball.

Die andere Tiebreakvariante ist diejenige, die sich im Tennis schließlich durchgesetzt hat. Ein Tiebreak, bei dem der Spieler gewinnt, der als Erster sieben Punkte erzielt und dabei zwei Punkte Vorsprung hat. Nach einer jahrelangen Testphase führte der Tennisweltverband ITF den Tiebreak schließlich ein. Auslöser war hierfür vor allem das denkwürdige Wimbledon-Match im Jahr 1969 zwischen den US-Amerikanern Pancho Gonzales und Charlie Pasarell, das fünf Stunden und zwölf Minuten dauerte und sich über zwei Tage hinzog. Am Ende siegte Gonzales mit 22:24, 1:6, 16:14, 6:3 und 11:9.

Das Tiebreaksystem mit dem „Sudden Death Tiebreaker" kam bei den US Open in den Jahren 1970 bis 1974 sowie beim Wimbledon-Turnier 1971 zum Einsatz. Die Australian Open 1971 waren das erste Grand-Slam-Turnier, bei dem mit dem heute üblichen Tiebreak mit sieben Gewinnpunkten gespielt wurde. Die anderen Grand-Slam-Turniere zogen im Laufe der Jahre nach.

Während es mittlerweile üblich ist, den Tiebreak beim Spielstand von 6:6 zu spielen, kam in Wimbledon der Tiebreak in den Jahren 1971 bis 1978 beim Stand von 8:8 zur Anwendung. Im Davis Cup wurde der Tiebreak erst im Jahr 1989 eingeführt. Die Erfindung des Tiebreaks führte dazu, dass ein Spieler ein Match gewinnen kann, ohne einmal den Aufschlag des Gegners zu durchbrechen. Michael Stich siegte 1991 im Wimbledon-Halbfinale gegen Stefan Edberg mit 4:6, 7:6, 7:6, 7:6 und schaffte dabei kein Break.

Jimmy van Alen verstarb zwei Tage vor diesem Match. Edberg meinte daraufhin: „Wenn Jimmy van Alen nicht gelebt hätte, würden Michael und ich wohl noch dort draußen sein und spielen." Der Tiebreak hat den Unterhaltungswert des Tennis für die Zuschauer gesteigert. Seit Einführung wurden einige spektakuläre und nicht enden wollende Tiebreaks gespielt. Mehrmals lautete das Ergebnis des längsten Tiebreaks bei den Grand-Slam-Turnieren 20:18.

34. Welche Spieler beendeten ihre Karriere mit einem Sieg?

Wenn man seine Karriere auf einem Reißbrett planen würde, dann würden sich viele Spieler sicherlich wünschen, mit einem Sieg abzutreten – am besten noch bei ihrem Lieblingsturnier. Doch nur wenige Spieler kommen im Tennis in den Genuss, ihr letztes Karrierematch zu gewinnen. Einer von ihnen ist Pete Sampras.

Der US-Amerikaner spielte bei den US Open 2002 sein letztes Turnier und gewann etwas überraschend seinen letzten und 14. Grand-Slam-Titel. Im Finale besiegte er Andre Agassi. „Einen Rivalen wie Andre zu besiegen, wäre ein Bilderbuchende. Es wäre schön, jetzt aufzuhören", sagte Sampras nach seinen fünften US-Open-Titel. Tatsächlich entschloss sich Sampras, nicht mehr als Profi auf dem Platz zu stehen.

„Ich hatte kein Benzin mehr in meinem Tank, und es schien so, dass die ganze Arbeit die mögliche Belohnung nicht wert war. Ich wusste, dass es an der Zeit war, Schluss zu machen", schilderte der US-Amerikaner die damalige Situation. Ein Jahr später, nachdem er bis dahin kein Match mehr bestritten hatte, verkündete er vor Beginn der US Open 2003 sein Karriereende. Ein Grand-Slam-Titel als Abschluss der Karriere: Das ist bislang einmalig im Tennis.

Auch Patrick Rafter trat mit einem Sieg von der Tennisbühne ab, wenn auch ungewollt. Der Australier spielte im Davis-Cup-Finale 2001 gegen Frankreich sein letztes Einzel und gewann dieses glatt in drei Sätzen. Allerdings reichte es nicht zum Davis-Cup-Titel. Rafter, zu diesem Zeitpunkt die Nummer sieben der Welt, wollte zwar weiterspielen, aber chronische Rückenprobleme ließen die Fortsetzung der Karriere nicht zu.

Der Schwede Robin Söderling beendete seine Karriere mit einem Turniersieg. 2011 gewann der Schwede sein Heimturnier in Bastad in beeindruckender Manier und trat anschließend nie wieder als Tennisprofi an. Der Grund: Söderling erkrankte am Pfeifferschen Drüsenfieber, das in der Folge kein Wettkampftennis mehr zuließ.

Auch Chris Evert verließ wie Pete Sampras die Tennisbühne mit einem großen Paukenschlag. Evert trat beim Fed-Cup-Turnier 1989 in Tokio zu ihrem letzten Turnier an. Die US-Amerikanerin gewann alle ihre fünf Matches und holte mit ihrem Land zum achten Mal den Fed-Cup-Titel. In ihrem letzten Karrierematch siegte Evert gegen die Spanierin Conchita Martinez. „Ich kam hierhin und dachte, dass es mein letztes Turnier für das Jahr ist und vielleicht sogar für immer. Was kann es für ein besseres Ende geben, als in einem großen Team für mein Land zu spielen", sagte Evert damals.

Auch für die Deutsche Kristina Barrois hätte die Karriere nicht viel besser zu Ende gehen können. 2014 spielte Barrois in Luxemburg ihr letztes WTA-Turnier, das nicht weit entfernt von ihrer saarländischen Heimat ausgetragen wurde. Und Barrois holte sich im Doppel ihren ersten und einzigen Titel auf der WTA-Tour. „Heute hat es doch tatsächlich noch geklappt mit meinem ersten Titel auf der WTA-Tour. Und das in meinem letzten Match auf der Tour. Unglaublich, dass das wirklich geklappt hat.

Das hätte ich mir vorher nicht so erträumt. Der absolute Wahnsinn!", freute sich Barrois über ihren Coup zum Karriereende.

35. Welche Spieler pflegen die individuellsten Rituale?

Rituale, Aberglauben und bestimmte Handlungsmuster gehören im Tennis seit Jahrzehnten dazu und werden in modernen Zeiten immer exzessiver ausgeführt. Für einige ist dieses Prozedere zwar nur Hokuspokus und verschwendete Energie, aber für die meisten Spieler sind die kleinen Marotten, Macken und Ticks überlebenswichtig und helfen dabei, die innere Balance zu finden.

„Die Psychologie ist ein taktisches Element. Man beruhigt sich selbst und kann dazu noch den Gegner verunsichern", sagte John McEnroe über die Bedeutung von Ritualen im Tennis. McEnroe verfolgte stets die gleiche Routine beim Aufschlag.

Warum sind Rituale im Tennis so wichtig? Rituale fördern laut Psychologen die Konzentration und die Selbstsicherheit. Sie funktionieren wie der Placeboeffekt in der Medizin. „Sie können positiv sein. Wenn Spieler tatsächlich daran glauben, dass sie funktionieren, können sie sehr effektiv sein und die Leistung erhöhen. Das Problem ist, wenn es außer Kontrolle gerät und die Spieler anfangen, zu glauben, dass ihr Spiel zerstört wird, wenn sie nicht einer bestimmten Routine folgen", erklärte der britische Sportpsychologe Ken Way.

Es gibt einige Spieler, die ihre besonderen Rituale, Ticks und Macken dermaßen pflegen, dass sie fast schon zwanghaft sind. Allen voran Rafael Nadal, der Meister der Rituale.

Nadal nimmt 45 Minuten vor dem Match eine kalte Dusche. Weiter geht es mit dem aufgepushten Umherlaufen in der Umkleidekabine. Die Socken werden auf exakt dieselbe Höhe hochgezogen. Beim Einlaufen auf den Platz hält Nadal stets einen Schläger in der linken Hand.

Dann geht es weiter mit dem säuberlichen Platzieren der zwei Getränkeflaschen, die Etiketten schauen dabei in die gleiche Richtung. Eine Flasche ist dabei gekühlt, die andere hat Raumtemperatur. Beim Trinken achtet er darauf, dass es in einer bestimmten Reihenfolge stattfindet. Vor dem Aufwärmen fegt er mit seinem Fuß entlang der Grund- und Aufschlaglinie – selbst bei einem Hartplatz.

Bei der Seitenwahl tänzelt er auf und ab und sprintet anschließend zur Grundlinie. Auf dem Weg zum/vom Seitenwechsel achtet er darauf, nicht auf die Linien zu treten und dabei stets den rechten Fuß zuerst aufzusetzen. Sofern es geht, überlässt er seinem Gegner beim Seitenwechsel den Vortritt, wenn das Netz passiert wird.

Kommen wir nun zum noch interessanteren Teil: der Aufschlagvorbereitung von Nadal, die einem bestimmten Muster folgt. Er lässt sich stets drei Bälle geben, von denen er einen wieder weggibt und einen einsteckt. Den dritten Ball prallt er mit dem Schläger auf und zupft dabei an seiner Hose (was er pro Satz im Schnitt 80-mal tut), seiner linken Schulterseite, dann an seiner rechten Schulterseite. Es folgt das Berühren der Nase, das Streichen seiner Haare hinter das linke Ohr, wieder das Berühren der Nase und dann das Streichen seiner Haare hinter das rechte Ohr. Und dann kann es auch schon losgehen mit dem Aufschlag.

Die Vorbereitung auf den Return ist zwar nicht ganz so exzessiv, hat es aber auch in sich: Shirt an der linken Seite zurechtzupfen, dann auf der rechten Seite zupfen, Nase berühren, Haare hinter das linke Ohr streichen, wieder Nase berühren und dann die Haare hinter das rechte Ohr streichen.

Das ist aber noch nicht alles: Nadal verlangt nach fast jedem Punkt das Handtuch und verfolgt dabei stets das gleiche Prozedere. Mit einer runden Bewegung wird mit dem Handtuch die linke Hand und der linke Arm abgetrocknet, der Schlägergriff trocken gerieben, die Nase abgetrocknet, das linke Ohr abgetrocknet, die Nase noch mal abgetrocknet, das rechte Ohr abgetrocknet, die rechte Hand und der rechte Arm abgetrocknet.

Und zu guter Letzt: Nadal zieht nach Ende des Matches stets sein Shirt aus, reibt sich mit dem Handtuch trocken und zieht dann eine Trainingsjacke an.

Wenn Rafael Nadal die speziellsten Ticks hat, dann besaß Goran Ivanisevic die verrücktesten Marotten. Bei seinem legendären Wimbledon-Sieg im Jahr 2001 trieb es der Kroate bis auf die Spitze. Ivanisevic begann jeden Tag damit, im Frühstücksfernsehen die Teletubbies zu schauen. Nach seinen Matches benutzte er dieselbe Dusche in der Umkleide. Am Abend saß er im selben Restaurant am selben Tisch und aß immer die gleichen Gerichte: zuerst Fischsuppe, dann Lamm mit Pommes und als Nachtisch Eis mit Schokoladensauce.

Da fallen seine anderen Rituale nicht weiter ins Gewicht: den Ball für den nächsten Aufschlag nehmen, mit dem man gerade den Punkt gemacht hat und sich nicht rasieren, solange man gewinnt. Rückblickend auf seine verrückten Tage beim Wimbledon-Turnier 2001, als er sensationell mit einer Wildcard den Titel gewann, sagte Ivanisevic: „Es war immer gleich: Frühstück, zur gleichen Zeit die Tasche packen, gleicher Parkplatz in Wimbledon, gleiche Dusche, nicht auf die Linien treten, gleicher Ball. Ach, du Scheiße."

Was Nadal bei den Herren ist, das war Maria Sharapova bei den Damen. Die Russin hatte ihre ganz speziellen Ticks. Zwischen den Punkten hasste es die Russin, auf den Linien zu stehen. Um dies erfolgreich zu vermeiden, tat sie so einiges. Wer genau hingesehen hat, bemerkte, dass die Russin oft im Stottergang in Richtung ihrer Bank ging.

Ganz speziell war auch ihre Vorbereitung auf den Aufschlag und den Return. Vor ihrem Aufschlag hüpfte sie mehrfach in die Höhe, drehte ihrer Gegnerin den Rücken zu und fokussierte sich auf das Saitenbild ihres Schlägers, dann nahm sie die Bälle aus der Ecke entgegen und lief in Richtung Grundlinie. Es folgte das Streichen der Haare aus dem Gesicht sowie das Fixieren der Gegnerin, ehe sie den Ball immer zweimal auftippte und schließlich servierte.

Beim Return konnte man Ähnliches beobachten. Nachdem sie sich fertig gemacht hatte, klopfte sie sich kurz vor dem Aufschlag ihrer Gegnerin zweimal auf den Oberschenkel.

Besonders war auch die Marotte von der Slowakin Dominika Cibulkova, die im Jahr 2016 WTA-Weltmeisterin wurde. Es schien so, dass Cibulkova, sobald es neue Bälle gab, diese vor dem Aufschlag küsste. Doch die Slowakin klärte damals auf: „Ich küsse nicht die Bälle, aber ich rieche an ihnen. Ich liebe ihren Duft, den Duft von neuen Bällen. Und dann denke ich mir, dass es mir Glück bringt."

36. Wer sind die größten Liebespaare im Tennis?

Warum sollte es auf dem Tennisplatz anders sein als im Büro? Liebe am Arbeitsplatz, das gibt es auch immer wieder unter Tenniskollegen. Andre Agassi und Steffi Graf sind zweifellos das berühmteste Tennispaar.

Die beiden fanden 1999 kurz vor Grafs Karriereende zueinander, wobei Agassi schon einige Jahre zuvor ein Auge auf die Deutsche geworfen hatte. Zu diesem Zeitpunkt hatten nur zwei Spieler alle Grand-Slam-Turniere und die Goldmedaille bei Olympia gewonnen: Agassi und Graf. Am 22. Oktober 2001 heirateten die beiden, vier Tage später kam ihr Sohn Jaden Gil zur Welt. Zwei Jahre später wurde ihre Tochter Jaz Elle geboren. Agassi und Graf führen eine Ehe ohne Skandale und sonstige Schlagzeilen.

Der US-Amerikaner bezeichnete die Ehe mit der Deutschen als „großes Tennis". „Ich könnte mir nicht vorstellen, wie es noch besser sein sollte." Das Geheimnis ihrer Ehe sei, sich umeinander zu kümmern. „Jeden Tag. Darin sind wir sehr diszipliniert", erklärt Agassi. „Ich habe das Glück, meine große Liebe gefunden zu haben. Unser Geheimnis: Wir haben Verständnis und viel Respekt füreinander und nehmen uns, wie wir sind", sagte die Deutsche über ihre Liebe zu Agassi.

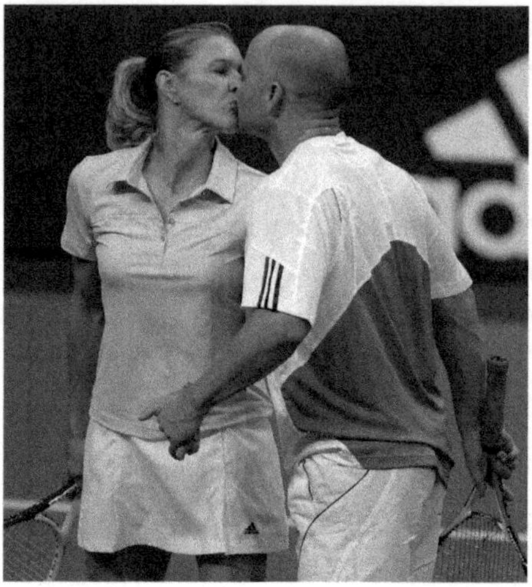

Neben Steffi Graf hatte auch eine weitere deutsche Spielerin eine Beziehung zu einem Kollegen, die aber nicht zu einer Hochzeit führte. Anke Huber und der Ukrainer Andrei Medvedev waren das Tennis-Traumpaar in den 1990er-Jahren. Das Paar verliebte sich 1993 und spielte 1994 in Wimbledon gemeinsam Mixed. Nach der Trennung kamen die beiden 1999 wieder zusammen. Von der Liebe beflügelt, erreichte Medvedev 1999 bei den French Open das Endspiel, in dem er gegen Andre Agassi schon eine Hand am Siegerpokal hatte. Die Liebe zerbrach schließlich Anfang 2000. Medvedev trennte sich von Huber. Kuriosum am Rande: Medvedev und Huber spielten im Oktober 2001 innerhalb von einer Woche ihr letztes Karrierematch.

Das große Tennis-Traumpaar in den 1970er-Jahren waren Jimmy Connors und Chris Evert – für etwas mehr als zwei Jahre. Kurz vor dem Wimbledon-Turnier 1972 wurden Connors (damals 19) und Evert (damals 17) ein Paar. Auf dem Siegerfoto 1974, als beide den Titel in Wimbledon gewannen, sieht man die beiden sich innig küssen. Die beiden US-Amerikaner wollten im November 1974 heiraten. Doch Connors und Evert lösten im September 1974 ihre Verlobung auf und trennten sich kurz vor der anstehenden Hochzeit.

In seiner Biografie *The Outsider* deutet Connors an, dass seine Ex-Verlobte damals schwanger gewesen sei und abgetrieben habe. „Ein Thema ist aufgekommen als Ergebnis jugendlicher Leidenschaft. Eine Entscheidung musste von einem Paar getroffen werden. Ich war erfreut, Mutter Natur ihren Lauf zu lassen. Chrissie hatte sich allerdings entschlossen, dass der Zeitpunkt schlecht war. Sie hat mich gefragt, wie wir mit den Details umgehen." Connors schreibt auch, dass er Evert geliebt habe und die sportlichen Ziele ein Hindernis in der Beziehung gewesen seien.

„Es führte auf die gleiche, alte Frage zurück: Können zwei Nummer Einsen in einem existieren? Du kannst nicht zwei Nummer Einsen in einer Beziehung haben. Das wird nicht funktionieren." Evert reagierte extrem enttäuscht auf die Enthüllungen in der Biografie von Connors. „In seinem Buch hat Jimmy Connors über eine Zeit in unserer Beziehung geschrieben, die sehr persönlich und emotional schmerzvoll war. Ich bin extrem enttäuscht, dass er das Buch benutzt hat, um eine Privatsache, die vor 40 Jahren stattgefunden hat, ohne mein Wissen zu veröffentlichen", sagte Evert in einem Statement.

Nach ihrer Beziehung mit Connors war Evert mit dem britischen Tennisspieler John Lloyd acht Jahre verheiratet.

Miroslava Vavrinec, genannt Mirka, ist die starke Frau an der Seite von Roger Federer. Was viele vergessen: Mirka war selbst eine gute Tennisspielerin, die ihre Karriere früh beenden musste. Die Schweizerin, die in der Slowakei geboren wurde, schaffte es bis auf Platz 76 in der Weltrangliste. Wegen einer Fußverletzung beendete sie 2002 im Alter von 24 Jahren ihre Karriere.

Federer und Vavrinec wurden 2000 bei den Olympischen Spielen in Sydney ein Paar. Mirka tröstete den Schweizer über das verpasste Edelmetall hinweg. Fortan sind die beiden ein unzertrennliches Paar. Mirka ist ständiger Begleiter von Federer und agiert im Hintergrund. Interviews gibt sie keine mehr. Am 11. April 2009 erfolgte die Heirat. Am 23. Juli 2009 bekam das Paar Zwillinge, die Mädchen Myla Rose und Charlene Riva. Am 6. Mai 2014 wurden beide nochmals Eltern von Zwillingen, von den Jungen Lennart und Leo.

„Mirka hat mir immer geholfen, sie ist eine großartige Begleitung. Als ich sie getroffen habe, hatte ich keine Titel, jetzt habe ich 76. Also man sieht, was da passiert ist", sagte Federer im Jahr 2012 über seine Mirka.

Der Deutsche Martin Emmrich machte seiner Freundin Michaella Krajicek, die Schwester von Wimbledon-Sieger Richard Krajicek, im Jahr 2014 beim Rasenturnier in 's-Hertogenbosch sogar einen Heiratsantrag auf dem Platz, nachdem diese kurz zuvor ein Match gewonnen hatte. „Es war fast ein halbes Jahr geplant und mit dem Turnierdirektor eine Woche vorher abgesprochen. Hätte er Nein gesagt, dann hätte ich es woanders machen müssen. Er war von der Idee begeistert und hat dadurch auch viel Werbung bekommen für das Turnier", sagte Emmrich über den Heiratsantrag. Inzwischen sind die beiden jedoch geschieden.

Geheiratet haben auch die Italiener Flavio Pennetta, US-Open-Siegerin von 2015, und Fabio Fognini. Das Paar hat mittlerweile zwei Kinder. „Mit Flavia habe ich zwölf- bis 15-mal in der Woche Sex, bei Turnieren sieben- bis achtmal", verriet Fognini in einem intimen Interview.

37. Gab es die perfekte Saison?

Der THW Kiel hat es im Handball geschafft, die Miami Dolphins haben es im American Football erreicht. Die Rede ist von der perfekten Saison, der „Perfect Season". Die Handballer aus Kiel gewannen in der Saison 2011/2012 alle 34 Saisonspiele, die Footballer aus Miami blieben 1972/1973 in 17 Spielen inklusive des Super Bowls ungeschlagen. Eine perfekte Saison im Tennis ohne eine einzige Niederlage zu schaffen, scheint im modernen Tennis nahezu unmöglich.

Vor der Einführung des Profitennis im Jahr 1968, als die Konkurrenz im Welttennis noch nicht allzu groß war, gab es Saisons von Spielern und Spielerinnen, die innerhalb eines Kalenderjahres ungeschlagen blieben. So verlor die Französin Suzanne Lenglen, die nur „die Göttliche" genannt wurde, zwischen 1921 und 1926 kein Spiel und siegte bei 181 Matches in Folge. Eine perfekte Saison im Profitennis hat jedoch bislang keiner geschafft, auch wenn einige Spieler und Spielerinnen dicht dran waren.

So verlor John McEnroe im Jahr 1984 nur drei Matches bei 82 Siegen. Steffi Graf kassierte in den Jahren 1987 (bei 74 Siegen) und 1989 (bei

86 Siegen) jeweils nur zwei Saisonniederlagen. Am dichtesten dran an einer perfekten Saison im Profitennis war Martina Navratilova. Die Grande Dame des Damentennis gewann 1983 insgesamt 86 Matches und verlor nur ein Match – und das völlig überraschend.

Im Achtelfinale der French Open traf Navratilova als haushohe Favoritin auf ihre 17-jährige Landsfrau Kathleen Horvath aus den USA. Horvath spielte das Match ihres Lebens, gewann mit 6:4, 0:6, 6:3 und vermasselte Navratilova im Rückblick die perfekte Saison. „Es war einer dieser perfekten Tage, die man an einer Hand abzählen kann. Ich wachte auf, fühlte mich großartig. Als ich begann, mich aufzuwärmen, fühlte ich mich perfekt, sodass ich den Ball auf eine Münze legen könnte", erinnerte sich Horvath. Navratilova nahm die Niederlage sportlich hin. „Natürlich bin ich nicht glücklich darüber. Aber ich wusste, dass ich früher oder später verlieren würde. Das ist kein Desaster."

Die Linkshänderin glaubt im Rückblick auf dieses Match nicht ganz daran, dass sie sonst eine perfekte Saison gespielt hätte. „Ich weiß nicht. Wenn ich nicht gegen Kathleen Horvath in diesem Jahr verloren hätte, hätte ich vielleicht gegen jemand anderen verloren. Es war erst der Monat Mai. Man weiß, dass der Druck steigt und steigt." Navratilova schätzt ihre Folgesaison 1984 höher ein. Dort gewann sie zwischen Januar bis Dezember 74 Matches in Folge und verlor nur zwei Partien.

38. Warum haben Tennisväter solch einen schlechten Ruf?

Jeder, der in seiner Jugend Tennis gespielt hat, kennt sicherlich solche Szenen. Man steht auf dem Platz und muss sich nicht nur mit seinem Gegner beschäftigen, sondern auch mit dessen Eltern. Vor allem die Väter üben häufig psychischen und physischen Druck auf ihre Kinder aus und träumen davon, durch ihren Nachwuchs die Sportlerkarriere zu bekommen, die sie nie hatten.

Als Jugendlicher kann man nur Mitgefühl mit seinen Gegnern haben, bei denen der Spaß am Tennisspiel häufig im Hintergrund steht. Oftmals werden die Kinder mit Geschenkversprechungen im Erfolgsfall und mit Gewaltandrohungen bei Misserfolg zu Höchstleistungen angetrieben. Bei einigen Kindern funktioniert das eine Zeit lang gut, einige Kinder hingegen rebellieren irgendwann und zerbrechen an den hohen Leistungsanforderungen der Eltern.

„Wenn ein Elternteil ambitionierter als das Kind ist, ist das der Tod eines Tennisspielers", sagte der zweifache Grand-Slam-Sieger Stan Smith. Etwas differenzierter sah es John McEnroe, der ebenfalls einen ambitionierten Vater hatte. „Schaue dir die großen Spieler an. Hätten sie Erfolg gehabt, wenn sie dazu nicht getrieben worden wären? Wäre Agassi ein großer Champion geworden, wenn sein Vater ihn nicht gedrängt hätte? Wäre Seles so gut geworden, wenn ihr Vater nicht den Job aufgegeben hätte? Das ist schwer zu sagen. Ich bezweifle ernsthaft, dass ich nicht der Spieler geworden wäre, wenn ich nicht irgendwie dazu gezwungen worden wäre."

Die kanadische Spielerin Sonja Jeyaseelan, die selbst unter einem gewalttätigen Vater litt, gab einmal ein Statement zum Besten, an dem einiges Wahres dran ist. „Wenn man sich das Tableau der Männer anschaut, findet man vielleicht drei Spieler, die ein gestörtes Verhältnis zu ihrem Vater haben. Bei den Frauen findet man eventuell nur drei, die es nicht haben."

Es gab einige Beispiele, die den schlechten Ruf der Tennisväter bestätigten. Der Vater der zweimaligen Grand-Slam-Siegerin Mary Pierce wollte seine Tochter mit allen Mitteln zum nächsten Tennisstar machen. Jim Pierce, der vor der Geburt seiner Tochter bereits einige Jahre wegen Raubüberfalls im Gefängnis saß, misshandelte und bedrohte Mary Pierce in ihrer Kindheit. Wenn das Training nicht nach den Vorstellungen ihres Vaters verlief, musste Pierce manchmal hinter dem Auto herlaufen.

„Er hat mich geohrfeigt, wenn ich ein Match verloren habe, manchmal auch, wenn ich schlecht trainiert habe", gab die Französin an. „Kill the bitch, Mary", so brüllte Jim Pierce seine Tochter bei Juniorenturnieren immer wieder an. Bei den French Open 1993 prügelte er sich mit zwei Zuschauern. Wenig später wurde daraufhin die „Jim-Pierce-Rule" verordnet.

Der streitlustige Vater wurde von allen WTA-Turnieren verbannt. Mit ihren 18 Jahren wurde es auch Mary und ihrer Familie zu bunt. Sie verließen den Vater, erwirkten eine einstweilige Verfügung und nahmen sich Leibwächter. Doch auch dies hielt den Vater nicht zurück. Beim Turnier 1993 in Rom stieg er seiner Familie hinterher und bedrohte einen Leibwächter mit einem Messer. „Ich habe den Ferrari gebaut, nun will ich meine Schlüssel zurück", fauchte der gewalttätige Vater.

Ende 1996 verklagte Pierce seine Tochter auf die angeblich versprochenen 25 Prozent ihrer Einnahmen – mehr als drei Millionen US-Dollar. Im Laufe der Jahre entspannte sich das Verhältnis zwischen Vater und Tochter.

Auch Stefano Capriati, der Vater von Jennifer Capriati, hatte einen zweifelhaften Ruf in der Szene. Stefano Capriati formte seine Tochter zum neuen Wunderkind im Tennis. Als „achtes Weltwunder" wurde Capriati bezeichnet, als sie mit 13 Jahren bei ihrem ersten Profiturnier ins Finale vorstieß. Mit 14 erreichte sie bei den French Open 1990 das Halbfinale und knackte einige Rekorde. „Zu viel, zu früh" hieß es immer wieder in Richtung Stefano Capriati, der die Karriere seiner Tochter generalstabsmäßig plante.

„Wenn die Frucht reift ist, isst du sie", entgegnete er den Kritikern. „Kinder brennen nicht aus, Eltern tun das", erklärte Stefano Capriati, der seine Tochter mit Eiscreme zu Höchstleistungen drillte. Mit 16 Jahren wurde Capriati Olympiasiegerin in Barcelona und war vorläufig auf dem Höhepunkt ihrer Karriere. Doch dann begann der Teenager zu rebellieren. Capriati verließ ihr Zuhause und wurde Ende 1993 beim Ladendiebstahl erwischt. Wenig später wurde sie wegen des Besitzes von Marihuana sogar inhaftiert. Das Polizeifoto von Capriati ging um die Welt.

Sie besuchte für eine Woche eine Rehaklinik und dachte sogar über ihren Freitod nach. „Ich war nicht glücklich mit mir selbst, meinem Tennis, meinem Leben, meinen Eltern, meinen Trainern, meinen Freunden. Wenn ich in den Spiegel blickte, sah ich dieses verzerrte Bild. Ich war so hässlich und fett. Ich wollte mich einfach nur umbringen", gestand Capriati. Die Karriere von Capriati schien mit 18 Jahren bereits zu Ende. Das ehemalige Wunderkind wurde nur noch als „Moppel-Jenny" verspottet. Immer häufiger traf man Capriati in Burgerbuden an.

Doch die US-Amerikanerin befreite sich aus ihrem Tal der Tränen und griff noch mal an. Mit der Unterstützung ihres Vaters spielte sie sich wieder in die Weltspitze und krönte ihr Comeback mit drei Grand-Slam-Siegen und Platz eins in der Weltrangliste.

Die skurrilste Vater-Tochter-Beziehung im Tennis war sicherlich die zwischen Jelena Dokic und Damir Dokic. Von Misshandlung, Gefängnis, Nationenwechsel bis hin zu einer Versöhnung war alles dabei. Gebeutelt vom Bürgerkrieg im ehemaligen Jugoslawien, wanderte Familie Dokic 1994 nach Australien aus. Jelena Dokic nahm 1998 die australische Staatsbürgerschaft an und galt als neues Wunderkind im Tennis. Der Weg der Teenagerin führte steil und stetig nach oben.

2000 schaffte sie es in die Halbfinals von Wimbledon und Olympia. Als 19-Jährige kletterte sie 2002 bis auf Platz vier in der Weltrangliste. Der Weg zur Nummer eins schien programmiert, doch immer wieder machte Jelena Dokic auch abseits des Platzes Schlagzeilen – es waren keine positiven.

Der Grund war ihr Vater Damir, der das Leben seiner Tochter zur Hölle machte. Der ehemalige Boxer und selbsternannte serbische Kriegsveteran ließ keine Möglichkeit aus, seine Tochter in kein gutes Licht zu rücken. Er prügelte sich mit Journalisten, legte sich mit Schiedsrichtern an, stürzte betrunken auf den Platz und beschimpfte Jelena bei deren Spielen.

Bei den Australian Open 2001 bezichtigte Damir Dokic die Veranstalter, die Auslosung zuungunsten seiner Tochter manipuliert zu haben. Jelena gab gleich danach bekannt, dass sie das Turnier unter jugoslawischer Flagge spielen würde, weil sie sich von Australien ungerecht behandelt fühlte. Mit zunehmender Zeit wurden Jelena die Eskapaden ihres Vaters zu viel. 2003 trennte sich Dokic von ihrem Vater.

Laut Medienberichten soll sie ihrem Vater für ein Trennungsabkommen eine Million US-Dollar gezahlt haben, damit sie in Ruhe gelassen wird. Ihre Leistungen gingen in den folgenden Jahren in den Keller. Sie nahm über 20 Kilogramm zu und stürzte in der Weltrangliste ins Bodenlose. 2006 kehrte Dokic reumütig nach Australien zurück. „Ich bin eine Australierin, ich fühle mich wie eine Australierin und ich will wieder für Australien spielen", sagte Dokic. Mühsam kämpfte sich die Australierin wieder zurück in den Tennisalltag.

In einem Interview mit einem australischen Magazin klagte sie ihr Leid und beschuldigte ihren Vater, dass er sie misshandelt habe. „Wenn ich je etwas aggressiver gegenüber Jelena war, war es nur zu ihrem Wohle", rechtfertigte Vater Dokic sich gegenüber den serbischen Medien. Aufgewühlt durch das Interview seiner Tochter, drohte Damir Dokic, die australische Botschafterin in Belgrad mit einer Handgranate in die Luft zu sprengen. Der Terrorvater wurde festgenommen. Bei der Durchsuchung in seinem Haus fand die Polizei zwei Bomben, sieben Jagdgewehre, eine Pistole sowie Munition. Damir Dokic wurde 2009 zu einer Gefängnisstrafe von 15 Monaten verurteilt, die später auf ein Jahr reduziert wurde.

Im November 2017 erschien Dokics Biografie *Unbreakable*, in der sie sich ihre bewegte und bewegende Lebensgeschichte von der Seele schrieb. Sie berichtete offen über das schwierige Verhältnis mit ihrem Vater Damir, mit dem sie sich im Jahr 2011 versöhnt hatte. Für Außenstehende blieb die Verbindung zwischen Vater und Tochter Dokic weiterhin eigenartig.

39. Liegt Erfolg im Tennis in den Sternen?

Für die einen ist es schlichtweg Hokuspokus, für die anderen eine ernst zu nehmende Wissenschaft. Die Rede ist von der Astrologie. Es gibt sicherlich kaum jemanden, der nicht weiß, in welchem Sternzeichen er geboren ist. Den zwölf Sternzeichen werden besondere Charaktereigenschaften und Wesenszüge zugeschrieben.

Seit Jahrhunderten wird über die Macht der Sterne diskutiert. Hat das Sternzeichen tatsächlich Einfluss auf den Charakter? Astrologen und ihre Anhänger beantworten dies mit einem eindeutigen Ja. Hat das Sternzeichen auch einen Einfluss auf den Erfolg, vor allem in einer bestimmten Sportart?

Schaut man sich die Siegerlisten bei den Grand-Slam-Turnieren in der Profiära seit 1968 an, stellt man interessante Ergebnisse fest. Die Sternzeichen Zwillinge und Löwe haben in der Zeit seit 1968 bis Ende des Jahres 2020 insgesamt 110 Grand-Slam-Titel bei den Herren gewonnen, das ist eine unglaubliche Quote von 52,3 Prozent.

Zu den großen Champions im Sternzeichen Zwillinge gehören unter anderem Rafael Nadal, Novak Djokovic und Björn Borg. Zwillingen sagt man nach, dass sie unbeschwert und anpassungsfähig sind – sicherlich gute Erfolgseigenschaften im Tennis. Im Sternzeichen Löwe geboren sind beispielsweise Roger Federer, Pete Sampras und Rod Laver. Löwen wurde laut Astrologie Selbstbewusstsein, Mut und Stolz in die Wiege gelegt.

Im Damentennis sind ebenfalls zwei Sternzeichen weitaus erfolgreicher als der Rest: ebenfalls Zwillinge sowie Waage. Diese beiden Sternzeichen haben bei den Damen in der Zeit von 1968 bis 2020 insgesamt 102 Grand-Slam-Titel gewonnen – das sind 48,6 Prozent aller Titel. So sind die mehrfachen Grand-Slam-Siegerinnen Steffi Graf, Venus Williams, Justine Henin, Kim Clijsters und Lindsay Davenport im Sternzeichen Zwillinge geboren. Zum Sternzeichen Waage gehören unter anderem die Spielerinnen Serena Williams, Martina Navratilova und Martina Hingis.

Die zwölf Sternzeichen kann man nicht nur in die Elemente Feuer (Widder, Löwe, Schütze), Wasser (Fische, Krebs und Skorpion), Luft (Zwillinge, Waage und Wassermann) und Erde (Stier, Jungfrau und Steinbock) unterteilen, sondern zudem in männliche und weibliche Sternzeichen.

Zu den männlichen Sternzeichen mit vorwiegend extrovertierten Wesenszügen gehören Widder, Zwillinge, Löwe, Waage, Schütze und Wassermann. Im Damentennis wurden im Einzel 164 Grand-Slam-Trophäen durch männliche Sternzeichen gewonnen, das macht einen Prozentsatz von 78 Prozent aus. Es sieht also danach aus, dass auch im Damentennis mehr die männlichen Komponenten gefragt sind und auch letztendlich den Erfolg bringen.

Es gab in der Profiära nur zwei Spielerinnen, die ein weibliches Sternzeichen haben und Seriensiegerinnen waren: Margaret Court (Krebs) und Billie Jean King (Skorpion). Man könnte dabei argumentieren, dass die beiden in einer Zeit gespielt haben, in den 1960er- und 1970er-Jahren, in der im Tennis noch mehr weibliche Attribute wie Eleganz und Anmut gefragt waren und nicht wie heute die Durchschlagskraft und Athletik.

Ein Blick auf die Weltranglistenersten im Damentennis bringt auch eine Erkenntnis. 20 der bisherigen 27 Nummer-eins-Spielerinnen haben ein männliches Sternzeichen. Um ein ganz großer Champion zu werden, der Titel wie am Fließband abräumt, muss man anscheinend nicht nur viel trainieren, sondern auch den richtigen kosmischen Einfluss haben. Ob dies alles nur Hokuspokus und purer Zufall ist, oder ob da tatsächlich etwas Wahres dran ist, muss jeder für sich entscheiden.

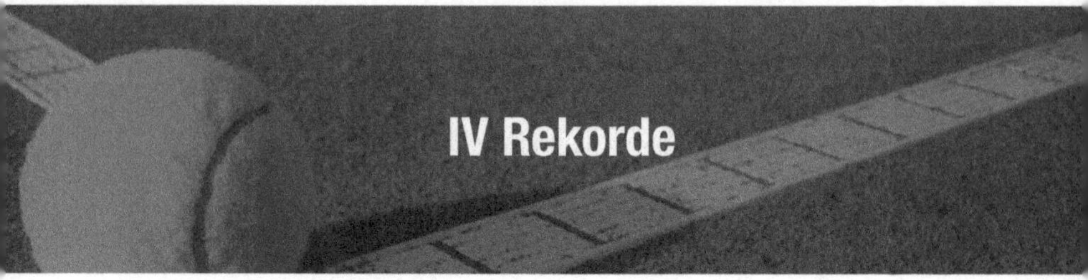

IV Rekorde

40. Wer schaffte das größte Comeback in einem Match?

0:6, 0:5, 0:40. Für jeden Tennisspieler ist dieser Spielstand ein Alptraum. In 99,99 Prozent der Fälle endet das Match mit einer Niederlage sowohl bei den Profis als auch bei den Amateuren.

Bei den Profis hat die 18-jährige Barbie Bramblett etwas Einmaliges geschafft. Sie gewann das Match nach einem Rückstand von 0:6, 0:5, 0:40. Passiert ist dies in der zweiten Qualifikationsrunde bei den US Open 1983, als Bramblett das größte Comeback der Tennisgeschichte gegen ihre US-amerikanische Landsfrau Ann Hulbert hinlegte und dabei sage und schreibe 18 Matchbälle abwehrte.

„Ich wollte nur schnellstmöglich vom Platz", gab sie im Interview mit dem *tennis MAGAZIN* zu, nachdem der Spielstand 0:6, 0:5, 0:40 aus ihrer Sicht hieß. „Mir war das alles so peinlich, dass ich dann nur noch auf die Bälle gekloppt habe, obwohl ich viel Topspin, Slice und Stopps spielte. Jeder Schlag klatschte plötzlich auf die Linie. Es waren Schläge, die ich zuvor von mir noch nie gesehen hatte", schilderte Bramblett 37 Jahre nach ihrem Fabelcomeback.

„Ich war geschockt und konnte nicht glauben, dass ich gewonnen habe. Das war ein Wunder und nicht geplant, dass ich auf diese Weise gewinne. Für mich war es Schicksal. Als ich Ann am Netz traf, sagte ich nur: ‚Gutes Match.' Das war nicht wirklich mitfühlend", erzählte die US-Amerikanerin.

An die Szenen nach ihrer großen Aufholjagd kann sich Bramblett noch gut erinnern. „Als ich vom Platz ging, habe ich Brad Gilbert auf einem Nebenplatz beim Training gesehen. Ich rief: ‚Hey Brad, weißt du, was ich gerade getan habe?' Ich hatte mein Comeback immer noch nicht begriffen. Er sagte: ‚Wow! Das ist unglaublich!' Ich musste auch meine Mutter suchen, weil sie den Platz verlassen hatte, als ich aussichtslos zurücklag. Sie kam nicht wieder.

Zurück im Hotel fuhren wir mit Martina Navratilova zusammen im Aufzug. Martina fragte: ‚Barbie, du hast nicht wirklich das getan, was ich heute gehört habe. Hast du es wirklich getan?' Ich wusste nicht, dass sich das so schnell herumgesprochen hatte und sagte nur: ‚Ja.' Martina war völlig verblüfft."

Bramblett war sich damals nicht bewusst, welch einmalige Leistung im Tennis sie geschafft hat. Heute ist sie stolz auf ihren besonderen Rekord. Es sollte nicht die einzige große Aufholjagd in der Laufbahn von Barbie Bramblett gewesen sein. Wenige Monate später in der Qualifikation bei einem Turnier in Nashville lag sie gegen ihre Landsfrau Kathy Holton mit 1:6, 0:5 zurück. Insgesamt 20 Matchbälle wehrte sie ab und holte sich wieder den Sieg. Bramblett hat sich ihren Namen als Comeback-Queen im Damentennis redlich verdient.

41. Wer servierte den schnellsten Aufschlag?

„Dann macht es bum, ja, und dann kracht's. Und alles schreit: Der Müller macht's! Dann macht es bum, dann gibt's ein Tor. Und alles schreit dann: Müller vor!" So heißt es in einem bekannten Volkslied zu Ehren vom ehemaligen Fußballstar Gerd Müller, der sämtliche Torrekorde aufstellte. Umgemünzt auf das Damentennis könnte es heißen: „Dann macht es bum, ja, und dann kracht's. Und alles schreit. Die Bine macht's! Dann macht es bum, dann gibt's ein Ass. Und alles schreit dann: Die Bine macht's!"

Sabine Lisicki ist gefürchtet für ihre krachenden Aufschläge und wurde daher auf den Namen „Bum Bum Bine" getauft. Die Deutsche hat in Sachen Aufschlag einige Rekorde aufgestellt. Einer davon ist der schnellste Aufschlag im Damentennis. Am 29. Juli 2014 servierte sich Lisicki beim WTA-Turnier in Stanford in die Geschichtsbücher. Im Match gegen Ana Ivanovic schlug sie den schnellsten je gemessenen Aufschlag mit 210,8 km/h und sicherte sich einen Eintrag im *Guinness Buch der Rekorde*.

„Es war immer ein Ziel von mir, den Rekord zu knacken. 2009 auf Bali hatte ich den Rekord schon einmal geknackt. Aber es war nicht die offizielle Maschine. Die Enttäuschung war wirklich groß bei mir. Dann kam 2014. Ich hörte ein Raunen nach meinem Aufschlag. Dann habe ich auf die Anzeigentafel geguckt und da stand 131 Meilen pro Stunde. Ich dachte aber, das zählt wieder nicht", schilderte Lisicki im Interview mit dem *tennis MAGAZIN*.

Der Aufschlagrekord wurde diesmal aber anerkannt. „Bei den US Open kamen die Leute vom *Guinness Buch der Rekorde*. Ich bekam eine Medaille und eine Urkunde. Das war echt cool. Ich wusste gar nicht, dass das dazugehört", sagte Lisicki.

Den inoffiziellen Geschwindigkeitsrekord im Herrentennis stellte Sam Groth auf. Der Australier servierte im Jahr 2012 beim ATP-Challenger-Turnier in Busan (Südkorea) mit 263 km/h. Allerdings wird diese Geschwindigkeit von der Herrenorganisation ATP nicht als offizieller Aufschlagrekord geführt, genauso wie die 257,5 km/h vom Franzosen Albano Olivetti.

Laut Rekordliste der ATP ist John Isner der schnellste Aufschläger. Der US-Amerikaner servierte 2014 in einem Davis-Cup-Match mit 253 km/h. Den Rekord für den schnellsten zweiten Aufschlag, der je gemessen wurde, hält der Kroate Ivo Karlovic mit 232 km/h.

42. Wer servierte die meisten Doppelfehler?

Der Aufschlag ist der wichtigste Schlag im Tennis, da er der einzige Schlag im Spiel ist, auf den der Gegner keinen Einfluss hat. Wird mit Aufschlag gespielt, trennt sich bei den Spielern oft die Spreu vom Weizen. Amateurspieler verzweifeln häufig an der korrekten Ausführung des Aufschlags. Die Folge: Doppelfehler in Serie. Aber auch Profis haben häufig zu kämpfen mit dem Aufschlag und servieren mehr Doppelfehler, als ihnen recht ist.

In den Rekordlisten der meisten Doppelfehler werden auf Profiebene meist nur Rekorde geführt, die in offiziellen Matches auf der ATP- und WTA-Tour aufgestellt wurden. Bei den Damen hält den inoffiziellen Rekord für die meisten Doppelfehler die Französin Esther Thebault. Sie servierte 2018 in einem Qualifikationsmatch beim ITF-Turnier in Le Havre (Frankreich) sage und schreibe 42 Doppelfehler und verlor das Match mit 5:7 im dritten Satz. Sie schenkte ihrer Gegnerin mehr als ein Drittel der Punkte durch Doppelfehler.

Den Negativrekord mit den meisten Doppelfehlern auf der WTA-Tour hält Anna Kournikova. Die Russin servierte sich bei den Australian Open 1999 in die Rekordbücher. Kournikova litt zu dieser Zeit an den sogenannten *Yips*, ruckartigen Muskelzuckungen, und schlug damals Doppelfehler am Fließband. In ihrem Zweitrundenmatch bei den Australian Open 1999 unterliefen ihr 31 Doppelfehler – und dennoch gewann sie das Match. Im gesamten Turnierverlauf waren es schließlich 73 Doppelfehler für Kournikova.

Bei den Herren hält Marc Rosset den Negativrekord. Der Olympiasieger von 1992 aus der Schweiz fabrizierte bei seiner Fünfsatzniederlage im Davis Cup 2001 gegen den Franzosen Arnaud Clement 30 Doppelfehler.

Einen Negativrekord für die Ewigkeit hält wohl Maria de Amorim. Die Brasilianerin soll laut Aufzeichnungen von Wimbledon beim Turnier im Jahr 1957 in ihrer Auftaktpartie zum Start des Matches 17 Doppelfehler in Folge geschlagen haben. Trotz der Doppelfehlerorgie konnte de Amorim das Match eng gestalten und verlor mit 3:6, 6:1, 4:6. Später gestand sie: „Ich war sehr nervös." Es blieb das erste und einzige Einzel, das de Amorim in Wimbledon spielte. Immerhin dürfte ihr ein Rekord für die Ewigkeit sicher sein.

43. Wer spielte das längste Match?

6:33 Stunden – so lange spielten die Franzosen Fabrice Santoro und Arnaud Clement in der ersten Runde bei den French Open 2004 über zwei Tage hinweg. Die Partie war für sechs Jahre das längste Match der Tennisgeschichte, ehe John Isner und Nicolas Mahut diesen Rekord in der ersten Runde beim Wimbledon-Turnier 2010 pulverisierten und wohl gleichzeitig einen Rekord für die Ewigkeit aufgestellt haben.

Worte für dieses epische und gleichzeitig bizarre Duell zu finden, ist schwer. Nach elf Stunden und fünf Minuten besiegte der US-Amerikaner Isner den Franzosen Mahut mit 6:4, 3:6, 6:7 (7), 7:6 (3), 70:68. Alleine der fünfte Satz wäre mit einer Spielzeit von 8:11 Stunden als längstes Tennismatch durchgegangen. „Was diese beiden Spieler gezeigt haben, zählt zum Größten, was es in diesem Sport je gegeben hat. Das war pures Heldentum", versuchte John McEnroe, Worte für dieses Match zu finden.

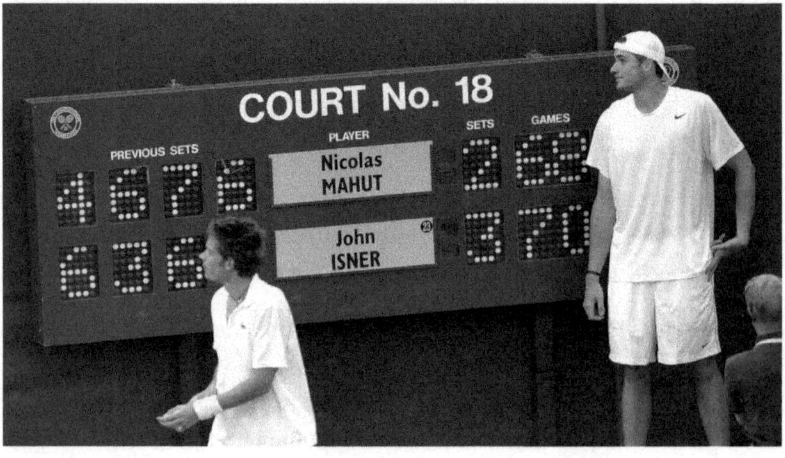

Nach drei Spieltagen fand das Match ein Ende. Isner machte 478 Punkte und schlug 112 Asse, Mahut erzielte 502 Punkte und servierte 103 Asse. Isner stellte damit auch den Rekord für die meisten geschlagenen Asse in einem Match auf, und auch Mahuts Anzahl der Asse wäre als neuer Rekord durchgegangen, wenn Isner nicht gewesen wäre. Insgesamt gab es 168 Aufschlagspiele ohne Break.

„Ich habe mir nur noch gesagt: Du musst auf beiden Beinen stehen bleiben. Deinem Gegner geht es auch nicht besser", sagte Isner über den Marathon. Mahut, den Isners verwandelter Matchball bei 70:68 „wie ein Messerstich ins Herz traf", sagte, er sei teilweise wie „ein Betrunkener" über den Platz geirrt und war „kaum noch bei Besinnung". „Ich war nur noch aus dem Unterbewusstsein gesteuert", sagte Mahut.

Völlig skurril war auch, dass das Rekordmatch Isner gegen Mahut ausgerechnet das erste Tennismatch war, welches der Kommentator Ronald McIntosh für den Fernsehsender *BBC*, der jedes Jahr Wimbledon überträgt, kommentierte. Der Court 18 in Wimbledon, auf dem das Rekordmatch gespielt wurde, liegt direkt am Mediencenter auf der Anlage mit einer Dachterrasse, von der man das Spielgeschehen verfolgen kann. „Ich hatte einen Premiumsitz bei diesem unglaublichen Spektakel. Ich kann mich glücklich schätzen, all dies aus nächster Nähe gesehen zu haben", sagte McIntosh im Interview mit dem *tennis MAGAZIN* über seine einzigartige Erfahrung.

Besonders kurios: Isner und Mahut standen sich ein Jahr später wieder in Wimbledon gegenüber – erneut in der ersten Runde. Die Wahrscheinlichkeit für dieses Ereignis lag vor der Auslosung bei 1:142,5. Isner setzte sich wieder gegen Mahut durch, brauchte dafür aber diesmal nur 2:03 Stunden. Mit dabei war wiederum McIntosh als Kommentator.

Das längste Match im Damentennis spielten 1984 beim WTA-Turnier in Richmond die beiden US-Amerikanerinnen Vicki Nelson und Jean Hepner mit 6:31 Stunden Spielzeit – für nur zwei Sätze. Nelson und Hepner stellten dabei noch einen weiteren irrwitzigen Rekord auf. Mehr Infos zu diesem unglaublichen Rekordmatch gibt es in Kapitel 46.

44. Wer spielte das kürzeste Match?

Viel schneller geht es kaum. Das schnellste je gespielte komplette Match im Profitennis ereignete sich 1969 in der ersten Runde der Damenkonkurrenz in Wimbledon. Im britischen Duell zwischen Susan Tutt und Marion Boundy soll das Match nach 20 Minuten zu Ende gewesen sein – 6:0, 6:2 für Tutt. Das schnellste je gespielte Grand-Slam-Match im Damentennis geht auf das Konto von Steffi Graf – und das ausgerechnet in einem Endspiel. Graf fertigte im French-Open-Finale 1988 die überforderte Natalia Zvereva aus der damaligen Sovjetunion in 32 Minuten mit 6:0, 6:0 ab.

„Nach dem ersten Satz habe ich mir überlegt, was ich später am Abend essen würde", sagte die frustrierte Zvereva, die später auf der Pressekonferenz heulte. „Was soll ich machen? 0:6, 0:6 in einem Grand-Slam-Finale zu verlieren, ist die Hölle. Aber ich bin Sportlerin und versuche immer, das beste Tennis aus mir herauszukitzeln", versuchte sich Graf zu entschuldigen.

Über das schnellste je gespielte Profimatch im Herrentennis gibt es unterschiedliche Angaben. Der Spanier Francisco Clavet besiegte 2001 beim Turnier in Shanghai den Chinesen Shan Jiang, später als Mann der Grand-Slam-Siegerin Na Li bekannt, mit 6:0, 6:0 und brauchte nach der Statistikseite der ATP-Tour nur 25 Minuten für den Sieg.

Als offizieller Rekord wird jedoch das Match zwischen dem Finnen Jarkko Nieminen und dem Australier Bernard Tomic beim Turnier in Miami im Jahr 2014 geführt. Nieminen siegte nach 28 Minuten mit 6:0, 6:1. Für Tomic war es damals das erste Match nach zweimonatiger Verletzungspause.

45. Um welche Uhrzeit war das späteste Ende eines Matches?

„Wenn es 2 Uhr ist, geht einfach nach Hause. Nach 2 Uhr passiert nichts Gutes." Diese Lebensweisheit gab die Mutter von Ted Mosby, Titelfigur in der US-Serie „How I Met Your Mother", ihrem Sohn mit auf den Weg. Bezogen aufs Profitennis stimmt diese Lebensweisheit allerdings nicht. Viele gute und denkwürdige Tennismatches gingen weit über 2 Uhr hinaus. Tennis hat die Besonderheit, im Vergleich zu vielen anderen Sportarten, dass die Zeit nicht planbar ist. Ein Match ist erst zu Ende, wenn es zu Ende ist. Und das hat in der Geschichte des Profitennis dazu geführt, dass es zahlreiche Late-Night-Finishes gegeben hat, vor allem bei den US Open.

Die beiden längsten Matches, bezogen auf die angezeigte Uhrzeit, wurden jedoch bei den Australian Open gespielt. Andreas Seppi und Bobby Reynolds duellierten sich in der ersten Runde der Australian Open 2007 bis 3:44 Uhr.

Das war das späteste Ende bei einem Profimatch, bis ein Jahr später Lleyton Hewitt und Marcos Baghdatis kamen. Der Australier und der Zypriote spielten in der dritten Runde der Australian Open 2008 bis 4:33 Uhr morgens und setzten damit vielleicht einen Rekord für die Ewigkeit. Erst um 23:47 Uhr Ortszeit fiel der Startschuss für dieses epische Match mit vielen Aufs und Abs. Da die vorherigen Partien sehr lange gingen, konnte die Night Session im Melbourne Park erst sehr spät losgehen.

Baghdatis knickte Anfang des dritten Satzes um. Es roch nach Aufgabe und vorzeitigem Ende. Doch der Zypriote hielt durch und zeigte sein Kämpferherz. Um 3:06 Uhr und bei einer 5:1-Führung von Hewitt im vierten Satz war das Match eigentlich gelaufen. Baghdatis wehrte einen Matchball ab und schaffte tatsächlich den Satzausgleich.

Im fünften Satz brachte das Break von Hewitt in einem 15-minütigen Aufschlagspiel von Baghdatis die Entscheidung. Um 4:33 Uhr verwandelte Hewitt schließlich seinen fünften Matchball und ließ sich nach 4:45 Stunden Spielzeit erschöpft auf den Boden fallen.

Tennisgeschichte wurde in dieser Nacht zu Sonntag in Melbourne geschrieben. Hewitt erklärte später, dass es mental einer seiner besten Siege gewesen sei.

46. Wie lange dauerte der längste Ballwechsel?

Die beiden US-Amerikaner Ron Kapp und Will Duggan hatten einen Plan. Sie wollten am 12. März 1988 in Santa Barbara im US-Bundesstaat Kalifornien den längsten Ballwechsel der Tennisgeschichte in einem offiziellen Turniermatch spielen. Damit ein Ballwechsel ins *Guinness Buch der Rekorde* kam, musste dieser Bestandteil eines ganzen Matches sein.

Zugegeben, das Turnier in Santa Barbara war kein Profiturnier, sondern ein Amateurevent, doch Kapp und Duggan wollten unbedingt den Rekord. 643 Schläge im Ballwechsel ohne einen Fehler betrug der aktuelle Rekord, den die beiden brechen wollten – gleich wird auf diesen Ballwechsel näher eingegangen. Die beiden machten untereinander aus, gleich den ersten Ballwechsel im Match als Rekordversuch zu unternehmen und anschließend das Match normal auszuspielen.

Und so dauerte der erste Ballwechsel drei Stunden und 33 Minuten. 6.202-mal flog der Ball über das Netz, ehe Kapp einen Fehler machte. Duggan gewann das Match mit 6:2, 3:6, 7:5. Für beide überwog die Freude, es ins *Guinness Buch der Rekorde* geschafft zu haben.

In den folgenden Jahren ließ das *Guinness Buch der Rekorde* auch Versuche zu, dass nur ein Ballwechsel ohne komplettes Match gewertet wurde. Und so schaukelte sich der Rekord des längsten Ballwechsels in schwindelerregende Höhe.

Im Juli 2013 setzte Frank Fuhrmann mit seinem Sohn Dennis Fuhrmann eine neue Bestmarke. Die beiden schafften in einem Hallenplatz in Bayreuth einen Ballwechsel mit 51.004 Schlägen ohne Fehler und brauchten dafür zehn Stunden und zwölf Minuten. Um Toilettenpausen zu vermeiden, trugen die beiden Windeln bei ihrem Marathonballwechsel. Mit Flüssigkeit versorgten sie sich über Trinkrucksäcke, die Verpflegung hatten sie in den Taschen ihrer Kleidung verstaut.

„Ich glaube, es wird einige Zeit dauern, bis dieser Rekord wieder gebrochen wird", sagte Frank Fuhrmann im Anschluss. Doch nur vier Jahre später, im Juni 2017, stellten die Italiener Simone Frediani und Daniele Pecci in Groesseto einen neuen Rekord auf. Sie schlugen den Ball 51.283 ohne Fehler über das Netz, brauchten dafür aber etwas länger als die beiden Deutschen – zwölf Stunden und 37 Minuten.

Kommen wir nun aber zu dem Rekord, der nicht darauf abzielte, ein Rekord zu werden: geschehen in einen Profimatch im Damentennis. Die beiden US-Amerikanerinnen Vicki Nelson und Jean Hepner lieferten sich im September 1984 beim Damenturnier in Richmond im US-Bundesstaat Virginia ein kurioses Match für die Geschichtsbücher. Nelson, damals Nummer 93 der Weltrangliste und Hepner, damals die Nummer 172, stellten gleich zwei Rekorde, beide wohl für die Ewigkeit, auf.

Das Match, das Nelson mit 6:4, 7:6 gewann, dauerte unfassbare 6:31 Stunden und ist bis heute das längste Profimatch im Damentennis – kaum auszudenken, wie lange das Match noch gegangen wäre, wenn es einen dritten Satz gegeben hätte. Besonders kurios verlief der Tiebreak im zweiten Satz, der unfassbare 1:47 Stunden andauerte und den Nelson mit 13:11 für sich entschied.

Noch viel unglaublicher ist die Spielzeit des Ballwechsels beim Spielstand von 11:10 und Satzball für Hepner. Der Ballwechsel dauerte sage und schreibe 29 Minuten und umfasste 643 Schläge. Es ist der längste Ballwechsel, der je in einem Profimatch bei den Damen gespielt wurde. „Es gab tonnenweise Lobs. Ich versuchte, nach vorne zu kommen, und sie überlobte mich wieder", schilderte Nelson, die schließlich mit dem 643. Schlag den Punkt und den Satzball abwehrte.

„Ich dachte, ich werde verrückt. Ganz egal, was ich mit dem Ball anstellte, sie hat ihn zurückgebracht. Es hat eine lange Zeit gedauert, dass ich den Nerv hatte, nach vorne zu kommen. Aber schließlich hat sie einen kurzen Lob gespielt und ich habe diesen aus dem Weg geräumt – für immer", blickte Nelson im Gespräch mit der *New York Times* auf dieses bizarre Match zurück.

47. Wer hält die längste Siegesserie?

Boris Becker sagte einst: „Siegen ist eine unglaubliche Lust. Eine Frau kann einem diese Befriedigung nicht geben." Und Martina Navratilova meinte: „Wer auch immer gesagt hat, dass es nicht um Sieg oder Niederlage geht, hat wahrscheinlich verloren." Im Tennis zählt wie überall im Sport nur das Ergebnis. Unter welchen Umständen der Sieg zustande gekommen ist, interessiert letztlich einige Zeit später kaum mehr. Es gibt zahlreiche Seriensieger im Tennis. Doch auch die beste und längste Serie wird irgendwann mal reißen.

Doch wer hält die längste Siegesserie im Tennis in der Profiära? Fangen wir bei den Siegesserien auf den unterschiedlichen Bodenbelägen an. Auf dem Bodenbelag Teppich, auf dem auf Amateurniveau immer noch in der Halle gespielt wird, findet mittlerweile kaum noch ein Profiturnier mehr statt. Die längste Siegesserie auf Teppich halten John McEnroe (66 Siege in Folge) und Martina Navratilova (48 Siege in Folge). Auch auf Rasen liegt Navratilova mit 47 Siegen am Stück vorne. Bei den Herren führt Roger Federer die Liste mit 65 Siegen an, zwischen 2003 bis 2008 blieb der Schweizer unbesiegt auf Rasen.

Federer führt ebenfalls auf Hartplatz mit 56 Siegen, bei den Damen rangiert Steffi Graf mit 82 Siegen in Folge auf Hartplatz ganz vorne.

Die längsten Siegesserien gibt es auf Sandplatz zu verzeichnen. Bei den Herren siegte Rafael Nadal zwischen 2005 und 2007 81-mal in Folge, ehe seine Serie im Finale beim Turnier in Hamburg von Federer gestoppt wurde. „Wenn einer die Serie bricht, dann am liebsten Roger", sagte Nadal nach dem Ende seiner Serie.

Noch weitaus beeindruckender war die Erfolgsserie auf Sand im Damentennis. Chris Evert gewann zwischen August 1973 und Mai 1979 insgesamt 125 Matches in Folge auf Sand. Nachdem Evert beim Turnier in Rom von ihrer Landsfrau Tracy Austin knapp geschlagen wurde, ließ sie nach Ende ihrer Fabelserie gleich die nächste lange Serie auf Sand mit 65 Siegen am Stück folgen.

Und welcher Spieler und welche Spielerin hält die längste Siegesserie, bei der alle Bodenbeläge mit einbezogen sind? Bei den Herren ist Guillermo Vilas der offizielle, von der ATP anerkannte Rekordhalter. Der Argentinier, bekannt als bester Spieler, der nie die Nummer eins der Weltrangliste wurde, gewann 1977 46 Matches in Folge. Es gibt jedoch auch alternative Rekordlisten, in denen Björn Borg mit zwei Serien (49 Siege im Jahr 1978 sowie 48 Siege zwischen 1979 und 1980) vorne liegen soll. Allerdings werden diese Serien von der ATP nicht anerkannt, weil in diesen Listen kampflose Siege sowie Siege bei Turnieren, die nicht von der ATP geführt werden, enthalten sind.

Bei den Damen ist die Lage jedoch eindeutig. Dort führt Navratilova die Liste mit 74 Siegen in Folge, die sie im Jahr 1984 erzielte, an. Auf Platz zwei liegt Steffi Graf mit 66 Siegen zwischen 1989 und 1990.

Die Rekorde im Amateurtennis, bei dem die Konkurrenz noch nicht so groß war und auch weniger gespielt wurde, halten Bill Tilden (98 Siege in Folge zwischen 1924 und 1925) und Suzanne Lenglen (182 Siege in Folge zwischen 1921 und 1926).

All diese Serien sind allerdings nur Kleinigkeiten gegenüber der phänomenalen Siegesserie im Rollstuhltennis. Die Niederländerin Esther Vergeer war im Rollstuhltennis im Einzel auf Jahre hinaus unschlagbar und gewann zwischen 6. Februar 2003 und 8. September 2012 470 Matches in Folge. Bei ihrer zehnjährigen Siegesserie gewann sie 95 Matches mit 6:0, 6:0 und gab insgesamt nur 18 Sätze ab.

Dass ihr Erfolgslauf nicht noch länger angehalten hat, lag an Vergeer selbst. Denn im Alter von nur 31 Jahren gab die Niederländerin völlig überraschend ihren Rücktritt bekannt, als ihre gigantische Siegesserie noch intakt war. Der Grund für den Rückzug waren Motivationsprobleme. Durch ihren Rücktritt konnte Vergeer eine besondere Bestmarke von Jahangir Khan nicht mehr übertreffen: Der Squashspieler aus Pakistan feierte von 1981 bis 1986 unglaubliche 555 Siege nacheinander. Dies gilt als längste Siegesserie im Sport.

48. Wer hat die längste Niederlagenserie?

Tennis ist ein Spiel, bei dem fast alle teilnehmenden Spieler eines Turniers mit einer Niederlage abreisen – bis auf den Turniersieger. Mit dieser Tatsache muss jeder Profi umgehen können. Tennis ist ebenfalls ein Spiel von Selbstvertrauen und dem sogenannten Momentum. Hat ein Spieler viel Selbstvertrauen, führt es häufig dazu, dass er Matches gewinnt, die er sonst nicht gewonnen hätte.

Es gibt aber auch den umgekehrten Fall, bei dem bei einigen Spielern das negative Momentum in Gang gesetzt wird und sie plötzlich nicht mehr gewinnen können. Das Selbstvertrauen schwindet nach jeder Niederlage. Es folgt eine Kettenreaktion. Matches, die man unter normalen Umständen gewonnen hätte, verliert man plötzlich. Aus dieser Abwärtsspirale herauszukommen, ist schwierig. Eine Niederlagenserie trifft auch routinierte Profis.

Den Rekord für die meisten Niederlagen in Serie auf der ATP-Tour hält Vincent Spadea mit 21 Pleiten. Dabei war der US-Amerikaner in starker Form, als sein Negativlauf begann. Im September 1999 zog er erstmals in die Top 20 in der Weltrangliste ein. Es folgte eine beispiellose Niederlagenserie von Oktober 1999 bis Juni 2000. Aufgrund der Fülle der Niederlagen wurde Spadea als „Charlie Brown des Tennis" tituliert – in Anlehnung an die Comic-Figur Charlie Brown, die als Pechvogel und ewiger Verlierer bekannt ist.

Beim Wimbledon-Turnier 2000 beendete Spadea seine schwarze Serie mit einem Kraftakt. Er schlug in der ersten Runde den an 14 gesetzten Briten Greg Rusedski nach knapp vier Stunden mit 9:7 im fünften Satz. „Das war das Warten wert. Wenn ich dieses Match verloren hätte, wäre es die Tiefpunkt gewesen", sagte Spadea nach dem Sieg, auf den er so lange warten musste. Dass es nach solch einer Niederlagenserie auch wieder steil aufwärts gehen kann, zeigte Spadea in den folgenden Jahren. Im Jahr 2005 erreichte er mit Platz 18 seine beste Ranglistenplatzierung.

Den Rekord für die meisten Niederlagen in Folge auf der WTA-Tour halten die US-Amerikanerin Sandy Collins und die Niederländerin Arantxa Rus mit 17 Niederlagen am Stück. Collins blieb zwischen 1984 und 1987 ohne einen Erfolg und spielte in diesem Zeitraum aber sehr selten. Rus blieb zwischen August 2012 und Juni 2013 ohne Sieg auf der WTA-Tour. Allerdings: Rus gewann in dem Zeitraum einige Spiele, und zwar insgesamt fünf. Die Niederländerin siegte zweimal im Februar im Fed Cup und dreimal bei ITF-Events, Turnieren der niedrigsten Kategorie. Diese Siege flossen jedoch nicht in die Niederlagenstatistik der WTA ein.

Im Doppel hält der Spanier Albert Ramos-Vinolas den Niederlagenrekord mit 21 Pleiten. Während seiner Negativserie spielte Ramos-Vinolas mit 16 unterschiedlichen Doppelpartnern.

49. Wer sind die jüngsten Nummer-eins-Spieler?

Seit dem Jahr 1973 im Herrentennis sowie 1975 im Damentennis werden offizielle Weltranglisten geführt, die den besten Spieler und die beste Spielerin in den vergangenen 52 Wochen küren.

Bei den Damen scheint der Rekord der jüngsten Nummer-eins-Spielerin ein Rekord für die Ewigkeit zu sein. Bereits im Alter von 16 Jahren und fünf Monaten erklomm Martina Hingis die Weltranglistenspitze und blieb im weiteren Karriereverlauf 209 Wochen lang die Nummer eins im Damentennis. Die Schweizerin war sich ihres einzigartigen Talents bewusst und trug das auch immer wieder in für viele Leute arroganter Weise zur Schau. „Es geht immer nur um Tiger Woods. Ich bin besser als er. Ich war länger an der Spitze und bin jünger. Ich bin einfach besser", sagte Hingis einst.

Der jüngste Nummer-eins-Spieler ist Lleyton Hewitt. Der Australier übernahm im Alter von 20 Jahren und 268 Tagen erstmals die Führung in der Weltrangliste im Herrentennis und ist zudem der jüngste Spieler, der ein Jahr als Weltranglistenerster abschloss. Hewitt gelang der Sprung an die Weltranglistenspitze ausgerechnet in Australien, als er im November 2001 die ATP-Weltmeisterschaft in Sydney gewann. „Es ist ein unglaubliches Gefühl. Man hätte es nicht besser schreiben können, dass ich das mit 20 Jahren und auch noch in Australien schaffe", sagte Hewitt.

Während der Rekord von Hingis als die jüngste Nummer eins im Damentennis in Stein gemeißelt scheint, könnte der Rekord von Hewitt noch gebrochen werden, sofern ein neues Wunderkind im Tennis auf der Bildfläche erscheinen sollte.

50. Wer sind die jüngsten Grand-Slam-Sieger?

Bei den jüngsten Grand-Slam-Siegern im Tennis kann man zwei Kategorien in Betracht ziehen, zum einen die jüngsten Sieger vor der Einführung des Profitennis und zum anderen die jüngsten Sieger in der modernen Ära des Tennis, die im Jahr 1968 startete. Um Verwirrung zu vermeiden, konzentrieren wir uns auf die jüngsten Grand-Slam-Sieger in der Geschichte des Profitennis.

Im Einzel ist Martina Hingis mit 16 Jahren und 117 Tagen die allerjüngste Grand-Slam-Siegerin, als die Schweizerin im Jahr 1997 bei den Australian Open gewann. „Danke an meine Mutter. Du hast mich 14 Jahre lang unterstützt. Als ich zwei Jahre alt war, hast du mir einen Schläger gegeben und gesagt: ‚Spiel'. Danke für alles", sagte Hingis nach ihrem historischen Rekordsieg. Hingis ist auch die jüngste Siegerin in Wimbledon bei den Profis. Die Schweizerin siegte auf dem heiligen Rasen im Jahr 1997 im Alter von 16 Jahren und 278 Tagen.

Die jüngste Siegerin bei den French Open ist Monica Seles mit 16 Jahren und 189 Tagen bei ihrem Triumph im Jahr 1990. Bei den US Open führt die Liste Tracy Austin an. Die US-Amerikanerin gewann 1979 mit 16 Jahren und 270 Tagen.

Bei den Herren ist Michael Chang der allerjüngste Grand-Slam-Sieger. Der US-Amerikaner war 17 Jahre und 110 Tage alt, als er 1989 sensationell die French Open gewann. „Diese zwei Wochen in Paris waren ein großer Spaß, die beste Zeit meines Lebens und werden für den Rest meines Lebens bleiben", sagte Chang, der als gläubiger Christ bis heute fest davon ausgeht, dank göttlicher Hilfe bei den French Open gewonnen zu haben.

In Wimbledon spielte sich Boris Becker im Jahr 1985 in die Rekordliste als jüngster Titelträger bei den Herren. Becker gewann das prestigeträchtigste Tennisturnier im Alter von 17 Jahren und 228 Tagen. Bei den US

Open ist es Pete Sampras, der sich im Jahr 1990 im Alter von 19 Jahren und 29 Tagen zum jüngsten Turniersieger krönte. Und bei den Australian Open marschierte der Schwede Mats Wilander im Jahr 1983 im Alter von 19 Jahren und 111 Tagen zum Titel.

Die Zeit der Wunderkinder im Tennis ist jedoch lange vorbei. Aufgrund der Tatsache, dass das Spiel immer athletischer wird und die Spieler viel längere Karriere haben, könnten viele Rekorde der jüngsten Grand-Slam-Sieger noch lange Zeit Bestand haben. Ach ja, um für noch mehr Aufklärung zu sorgen: Die jüngste Grand-Slam-Siegerin vor Einführung des Profitennis war übrigens die Britin Charlotte Dodd, die im Jahr 1887 im Alter von 15 Jahren und 285 Tagen in Wimbledon siegte.

51. Wer sind die ältesten Grand-Slam-Sieger?

„Age is just a number" – Alter ist nur eine Zahl. So heißt es im Sport in einem häufig zitierten Sprichwort. Das trifft auch auf den Tennissport zu.

Waren Grand-Slam-Titel von Spielern, die sich in ihren Dreißigerjahren befinden, früher eine Rarität, werden sie im modernen Tennis immer mehr zur Normalität. Der Rekord des ältesten Grand-Slam-Siegers bei den Herren in der Profiära liegt jedoch schon einige Jahre zurück.

Ken Rosewall war 37 Jahre und zwei Monate alt, als er die Australian Open 1972 gewann. Diesen Rekord hätte der Australier beinahe noch verbessert, als er beim Wimbledon-Turnier (39 Jahre und 246 Tage) sowie bei den US Open (39 Jahre und 310 Tage) im Jahr 1974 jeweils das Finale erreichte. In beiden Endspielen wurde Rosewall jedoch klar geschlagen von Jimmy Connors.

Roger Federer war ganz dicht davor, sich den Rekord des ältesten Grand-Slam-Siegers zu schnappen. Beim Wimbledon-Turnier 2019 war der Schweizer 37 Jahre und 340 Tage alt, als er im Finale gegen Novak Djokovic den Wimbledon-Titel auf dem Schläger hatte. Doch Federer vergab zwei Matchbälle bei eigenem Aufschlag und verpasste den Rekord des ältesten Grand-Slam-Siegers.

Bei den Damen stehen die Altersrekorde ganz im Zeichen von Serena Williams. Die US-Amerikanerin ist nicht nur die älteste Finalistin bei einem Grand-Slam-Turnier, sondern auch die älteste Titelträgerin. Williams war 35 Jahre und 125 Tage alt, als sie 2017 die Australian Open gewann. Das Besondere dabei: Williams war bereits schwanger mit ihrer Tochter Alexis Olympia.

Die US-Amerikanerin ist immer noch aktiv und stand nach ihrem Titelgewinn bei den Australian Open vier weitere Male im Finale eines Grand-Slam-Turniers. Doch ihren eigenen Rekord als älteste Siegerin konnte sie bis zum Erscheinen dieses Buches nicht verbessern: mit 37 Jahren und 346 Tagen, als sie bei den US Open 2019 im Finale stand, ist sie die älteste Endspielteilnehmerin bei einem Grand-Slam-Turnier.

52. Wer sind die jüngsten und ältesten Turniersieger?

Die Frage nach den jüngsten Grand-Slam-Siegern haben wir bereits geklärt. Doch wer sind die jüngsten Turniersieger im Profitennis auf der ATP- und WTA-Tour?

Auf der ATP-Tour ist es keiner der genannten Grand-Slam-Champions. Es ist der US-Amerikaner Aaron Krickstein. Im Alter von 16 Jahren und zwei Monaten gewann Krickstein im Oktober 1983 in Tel Aviv seinen ersten ATP-Titel – im Finale gegen den Deutschen Christoph Zipf. Der Rekord von Krickstein hat bis heute Bestand. Er setzte zudem eine weitere Bestmarke, als er im Alter von 17 Jahren als jüngster Spieler überhaupt sein Debüt in den Top Ten in der Weltrangliste feierte. Vor seinem 18. Geburtstag hatte der US-Amerikaner bereits vier ATP-Titel in seiner Vita stehen.

Für die ganz großen Titel reichte es für Krickstein nicht. Zweimal schaffte er es ins Halbfinale eines Grand-Slam-Turniers. Krickstein erarbeitete sich in seiner Karriere den Ruf eines Marathonmanns. Zehnmal gewann er ein Match nach 0:2-Satzrückstand und war damit zwischenzeitlich alleiniger Rekordhalter. 27 seiner 35 Matches, die in den fünften Satz gingen, beendete er zudem mit einem Sieg.

Neben Krickstein gibt es nur zwei weitere Spieler, die einen ATP-Titel im Alter von 16 Jahren gewinnen konnten: Michael Chang im Jahr 1988 in San Francisco mit 16 Jahren und sieben Monaten und Lleyton Hewitt im Jahr 1998 in Adelaide im Alter von 16 Jahren und zehn Monaten. Hewitt war bei seinem Turniersieg in Adelaide nur die Nummer 550 im ATP-Ranking und damit der am niedrigsten platzierte Spieler, der je ein ATP-Turnier gewinnen konnte.

Auf der WTA-Tour sind die Turniersiegerinnen um einiges jünger als auf der ATP-Tour. Mehr als zehn Spielerinnen haben ihren ersten WTA-Titel vor ihrem 16. Geburtstag gewonnen. Die Liste führt die US-Amerikanerin Tracy Austin an, die im Alter von 14 Jahren und 28 Tagen im Jahr 1977 beim Turnier in Portland siegte. Austins Weg ging stetig nach oben. Mit 16 Jahren triumphierte sie bei den US Open 1979 und ist bis heute die jüngste Siegerin in New York. Es folgten der Sprung auf Platz eins der Weltrangliste sowie ein weiterer Titel bei den US Open.

Austin war das Wunderkind, das bestimmt war, Großes zu vollbringen. Im Alter von vier Jahren war sie auf dem Cover vom Magazin *World Tennis*. Anhaltende Rückenprobleme zwangen Austin bereits mit 21 Jahren zum Karriereende. 1992 wurde sie schließlich als jüngste Spielerin aller Zeiten in die Tennis Hall of Fame aufgenommen. Dem Tennissport ist Austin aber immer treu geblieben, vor allem als fachkundige Kommentatorin für das Fernsehen.

„Ich sehe mein Leben in drei Karrieren – meine Tenniskarriere, meine Karriere als Kommentatorin und meine Karriere als Mutter", sagte die Mutter von drei Söhnen.

Drei weitere Spielerinnen gewannen ebenfalls ihren ersten WTA-Titel mit 14 Jahren, allesamt aus den USA: Kathy Rinaldi (14 Jahre, sechs Monate und 24 Tage), Jennifer Capriati (14 Jahre, sechs Monate und 29 Tage) und Andrea Jaeger (14 Jahre, sieben Monate und 14 Tage).

Die jüngste deutsche Titelträgerin auf der WTA-Tour ist nicht, wie man annehmen dürfte, Steffi Graf, sondern Anke Huber. Im Alter von 15 Jahren, acht Monaten und 22 Tagen gewann Huber das WTA-Turnier in Schenectady.

Von den jüngsten Turniersiegern kommen wir nun zu den ältesten Champions. In den 1980er- und 1990er-Jahren ging der Trend im Tennis zu den Wunderkindern, die im Teenageralter für Furore gesorgt haben. Für die meisten Spieler war in dieser Zeitspanne die Karriere mit Anfang 30 zu Ende. In den 2010er-Jahren drehte sich der Trend ins Gegenteil. War vorher noch jugendliche Unbekümmertheit gefragt, sind es mittlerweile Routine, Athletik und Fitness, die man in jungen Jahren meist noch nicht besitzt. Heutzutage ist es völlig normal, dass die Profis bis weit über ihr 30. Lebensjahr hinaus auf der Tennis-Tour spielen und dabei auch überaus erfolgreich sind.

Setzt sich der Trend fort, könnte es in den kommenden Jahren Turniersiege von Spielern geben, die Ende 30 oder Anfang 40 sind. Bis der Rekord bei den Herren des ältesten Turniersiegers bei den Profis fällt, ist es aber ein langer Weg.

Diesen hält Pancho Gonzales, der als einer der besten Spieler in der Geschichte des Herrentennis gilt. Der US-Amerikaner gewann im Jahr 1972 im Alter von 43 Jahren, acht Monaten und 28 Tagen in Des Moines seinen letzten Profititel. Gonzales taucht in den Einzel-Siegerlisten der Grand-Slam-Turniere nur zweimal auf, beide Male bei den US Open, da er sich bereits im Jahr 1950 dazu entschied, Profi zu werden. Bis zum Jahr 1968 war es nur Amateuren vorbehalten, an Grand-Slam-Turnieren teilzunehmen.

Als die Grand-Slam-Turniere im Jahr 1968 offen für alle Spieler – also auch für Profis – wurden, war Gonzales bereits 40 Jahre alt. In seiner kurzen Zeitspanne bei den Profis gewann der US-Amerikaner gegen Spieler wie Rod Laver und Jimmy Connors, die deutlich jünger waren als er. Für einen Grand-Slam-Titel reichte es allerdings nicht mehr.

Nach Gonzales ist der Australier Ken Rosewall mit 43 Jahren und elf Tagen der zweitälteste Titelträger auf der ATP-Tour.

Bei den Damen gab es in der Profiära bislang noch keine Spielerin, die in ihren Vierzigern einen WTA-Titel gewinnen konnte. Billie Jean King ist mit 39 Jahren, sieben Monaten und 23 Tagen die älteste Titelträgerin auf der WTA-Tour. Die US-Amerikanerin gewann 1983 in Birmingham den letzten Titel ihrer illustren Karriere. Der Rekord von King ist jedoch in Gefahr, da die beiden Williams-Schwestern Serena (Jahrgang 1981) und Venus (Jahrgang 1980) immer noch auf der WTA-Tour aktiv sind. Wenn dieses Buch erschienen ist (Mai 2021), könnte entweder Serena oder Venus Williams bereits die neue Rekordhalterin sein.

53. Wo liegt der Zuschauerrekord im Tennis?

23.771 – so viele Zuschauer fasst das Arthur Ashe Stadium in New York. Der größte Platz bei den US Open ist zudem das größte reine Tennisstadion der Welt. Auch wenn die US Open über die größte Arena im Tennis verfügen, ist das Grand-Slam-Turnier jedoch nicht das meistbesuchte Tennisturnier. Die Australian Open liegen noch vor den US Open und stellten im Jahr 2020 mit insgesamt 812.174 Zuschauern während des Turniers einen neuen Rekord auf.

Doch wo liegt der Zuschauerrekord für ein einzelnes Tennismatch? Dieser Rekord wurde nicht im größten reinen Tennisstadion der Welt, im Arthur Ashe Stadium, aufgestellt. Die meisten Zuschauer in einem offiziellen Tennismatch wurden bei den Davis-Cup-Finalpartien 2014 (Frankreich gegen Schweiz) und 2017 (Frankreich gegen Belgien) gezählt. Die Endspiele wurden im Fußballstadion von OSG Lille, im Stade Pierre-Mauroy, ausgetragen. 27.488 Zuschauer sahen, wie 2014 die Schweiz und 2017 Frankreich den Davis Cup gewannen.

Der Zuschauerrekord für ein Tennismatch, das keinen offiziellen Wettkampfcharakter hat, liegt noch deutlich darüber. Am 20. September 1973 setzte der „Battle of Sexes", der in Kapitel 78 ein Thema sein wird, zwischen Billie Jean King und Bobby Riggs einen Rekord. 30.472 Zuschauer kamen zum Geschlechterkampf zwischen King und Riggs in den Astrodome in Houston im US-Bundesstaat Texas.

Dieser Rekord hielt 37 Jahre lang, ehe er von Kim Clijsters und Serena Williams gebrochen wurde. Am 8. Juli 2010 kamen 35.681 Zuschauer ins König-Baudouin-Stadion in Brüssel, um sich den Schaukampf zwischen Clijsters und Williams anzusehen. Und auch dieser Rekord wurde gebrochen.

Am 23. November 2019 setzten Roger Federer und Alexander Zverev eine neue Bestmarke. Die beiden spielten einen Schaukampf in der Plaza Mexico, der größten Stierkampfarena der Welt, einen Schaukampf vor 42.517 Zuschauern. „Ich werde diesen magischen Abend in Mexiko-City mit Alexander Zverev nie vergessen. Wir haben zusammen den Rekord gebrochen. Es lebe Mexiko", sagte Federer über die neue Bestmarke.

Doch diese hielt nur wenige Monate. Schuld daran war Federer selbst, der ein weiteres Rekordmatch auf die Beine stellte. Am 7. Februar 2020 duellierte er sich mit seinem Dauerrivalen Rafael Nadal im Kapstadt-Stadion in Südafrika vor 51.954 Zuschauern. Für Federer war der Schaukampf eine besondere Sache, da seine Mutter Lynette Südafrikanerin ist.

Das Rekordmatch war gleichzeitig seine erste Partie in Südafrika. „Es bedeutet mir einfach alles – und ich werde es nie vergessen. Sorry, dass ich erst so spät hier in Südafrika spiele", sagte Federer. Dass die Partie zwischen Federer und Nadal derzeit den Zuschauerrekord hält, ist eine glückliche Fügung.

Am 14. Juli 2012 wollten Nadal und Novak Djokovic im Bernabeu-Stadion in Madrid vor ungefähr 80.000 Zuschauern einen Schaukampf spielen. Doch das anvisierte Rekordmatch platzte, da sich Nadal kurz zuvor am Knie verletzte.

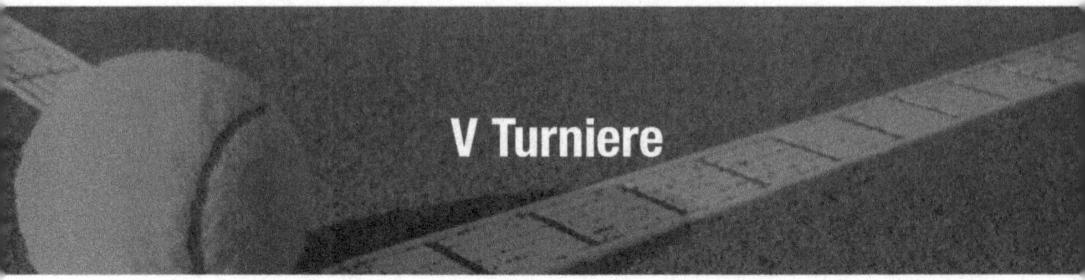

V Turniere

54. Seit wann gibt es das gleiche Preisgeld bei Grand-Slam-Turnieren?

Wer als Sportlerin viel Geld verdienen möchte, der sollte zwingend Tennisprofi werden. Die jährliche Liste der bestverdienenden Sportlerin führen immer Tennisspielerinnen an.

Dass die Damen mittlerweile wie die Herren um riesengroße Summen an Preisgeld spielen, hat vor allem mit Billie Jean King zu tun. Die zwölfmalige Grand-Slam-Siegerin im Einzel hat sich ihr Leben lang für Gleichberechtigung in ihrer Sportart eingesetzt. Die US Open 1973 haben als erstes Grand-Slam-Turnier gleiches Preisgeld zwischen Damen und Herren eingeführt. Vorausgegangen war ein angekündigter Boykott von Titelverteidigerin Billie Jean King, die mit ihrem Turnierverzicht drohte, sollte das Preisgeld bei Damen und Herren nicht das Gleiche sein.

Wenige Wochen zuvor, im Juni 1973, wurde die Spielerinnenvereinigung WTA (Women's Tennis Association) von King und acht weiteren Spielerinnen gegründet. King hatte bei der Verhandlung um das gleiche Preisgeld bei den US Open 1973 gute Argumente auf ihrer Seite. Beim vorangegangenen Grand-Slam-Turnier in Wimbledon waren 81 Spieler der Herrenkonkurrenz aus Solidarität zum gesperrten jugoslawischen Profi Niki Pilic, der von 1987 bis 1996 Davis-Cup-Kapitän von Deutschland war, ferngeblieben. Die Damen bekamen dadurch in Wimbledon noch mehr Aufmerksamkeit.

Bei den Verhandlungen um das gleiche Preisgeld legte King dem damaligen US-Open-Turnierdirektor Billie Talbert eine Umfrage der WTA vor, die zeigte, dass die Zuschauer ein riesengroßes Interesse an Damentennis haben. Ein Sponsor des US-Open-Turniers, die Firma Ban Deodorant, sprang ein und glich die damalige Differenz von 55.000 US-Dollar im Preisgeld zwischen Damen und Herren aus. Das Gesamtpreisgeld für die Damen- und Herrenkonkurrenz bei den US Open 1973 betrug jeweils 95.200 US-Dollar. Der Turniersieger und die Turniersiegerin erhielten insgesamt 25.000 US-Dollar.

Es dauerte 28 Jahre, bis das nächste Grand-Slam-Turnier das gleiche Preisgeld bei Damen und Herren einführte. Bei den Australian Open 2001 verdienten Damen und Herren erstmals dasselbe. Die French Open zogen 2006 nach. Wimbledon führte im Jahr 2007 als letztes Grand-Slam-Turnier das gleiche Preisgeld ein.

55. Warum wird in Wimbledon weiß getragen?

Tennis ist allgemein bekannt als „der weiße Sport". Zu Beginn wurde fast ausschließlich von Reichen und Adligen gespielt. Aber warum heißt es „der weiße Sport"? Die Reichen und Adligen trugen nur weiße Kleidung, da es damals als peinlich galt, sich in der Öffentlichkeit mit Schweißflecken zu zeigen und dass die Anstrengung einem merklich anzusehen war. Die weiße Spielkleidung diente dazu, um Schwitz- und Schweißflecken zu kaschieren.

Die Regelung, dass beim Tennis nur weiße Spielkleidung erlaubt war, blieb jahrzehntelang bestehen. Erst mit Beginn des Profitennis und Einführung des Farbfernsehens lockerten sich die Regeln. Bei den US Open 1972 war erstmals farbige Kleidung erlaubt. Beim Turnier in Wimbledon wird weiterhin auf die Tradition der weißen Spielkleidung großer Wert gelegt. Es gilt: 90 Prozent der Kleidung muss weiß sein.

Die Ausrüster müssen ihre Outfits für Wimbledon, die oft maßgeschneidert sind, offiziell genehmigen lassen. Regelverstöße werden zügig geahndet. Der Kleiderpolizei fiel auch Roger Federer zum Opfer. Im Jahr 2013 gewann Federer sein Auftaktmatch mit weißen Schuhen und orangefarbenen Sohlen. Das war den Verantwortlichen in Wimbledon zu bunt. Sie sprachen ein Verbot der Schuhe aus. Und so trat Federer mit normalen weißen Schuhen zu seinem Zweitrundenmatch gegen den Ukrainer Sergiy Stakhovsky an. Es folgte die Niederlage von Federer und eine der größten Sensationen der Turniergeschichte.

Andre Agassi ließ zu Beginn seiner Karriere das Wimbledon-Turnier aus, da er unbedingt mit der farbigen Kleidung seines Ausrüsters spielen wollte. Als Agassi dann im Jahr 1991 erstmals in Wimbledon antrat, war die Spannung riesig, ob er sich an den Kleiderdress halten würde. Er tat es und gewann ein Jahr später in Wimbledon seinen ersten Grand-Slam-Titel.

Die Kleidung spielte in Wimbledon immer eine große Rolle. Es gab einige Aufreger in der Turniergeschichte. Der Brite Henry „Bunny" Austin sorgte im Jahr 1933 für einen kleinen Skandal auf dem heiligen Rasen. Der Vorjahresfinalist trat als erster Spieler in Wimbledon mit Shorts an. Lange Hosen waren sonst üblich, wenn man den Tennisplatz betrat. „Ich fühlte mich in den schweißgetränkten Flanellhosen einfach zu behäbig, also ließ ich mir vom Schneider den Prototyp der späteren Shorts anfertigen", sagte Austin. Es dauerte aber bis zum Jahr 1947, ehe Jack Kramer der erste Spieler wurde, der den Titel in Wimbledon mit Shorts gewann.

Ein viel größerer Kleiderskandal in Wimbledon passierte im Jahr 1949, als man der US-Amerikanerin Gussy Moran vorwarf, „Sünde und obszönes Verderben über den Tennissport zu bringen". Moran trat mit einem Minikleid und spitzenbesetzter Unterwäsche an und sorgte damit für riesiges mediales Aufsehen. Während die Presse die US-Amerikanerin in „Gorgeous Gussy" taufte, wurde der Fall sogar im britischen Parlament diskutiert.

Die US-Amerikanerin Patricia Stewart ließ sich im Jahr 1961 in Wimbledon etwas Besonderes einfallen. Kurz zuvor soll sie von ihrem Freund verlassen worden sein. In den beiden Matches, die Stewart in Wimbledon spielte, war ihre eingestickte Telefonnummer auf ihrem Höschen zu sehen. Die Hoffnung, einen neuen Mann zu finden, war anscheinend erfolgreich. Denn einige Tage nach dem Wimbledon-Turnier heiratete sie den Cricketspieler John Edrich.

Im Jahr 1985, als Boris Becker erstmals in Wimbledon siegte, wurde die US-Amerikanerin Anne White ungewollt zu einer Modeikone. White trat zu ihrem Erstrundenmatch in einem weißen, hautengen Körperanzug aus Lycra an. Der Catsuit wurde zum Blickfang für Fotografen sowie Zuschauer und löste eine Kontroverse im konservativen Wimbledon aus.

„Am Ende des ersten Aufschlagspiels wurde mir plötzlich klar, was für eine Aufregung ich ausgelöst hatte", erzählte White einige Jahre nach dem Match. Für den Körperanzug hatte sie sich entschieden, um nicht an den Beinen zu frieren, weil das Match gegen ihre Landsfrau Pam Shriver am Abend stattfand und es recht kühl war. Die Partie wurde bei Satzgleichstand wegen Dunkelheit abgebrochen. Die Wimbledon-Offiziellen forderten White auf, das Match am nächsten Tag in angemessener Spielkleidung fortzusetzen.

Aus Angst vor möglichen Konsequenzen eines Spielverbots in Wimbledon in den folgenden Jahren gehorchte White und verlor das Match am nächsten Tag. „Ich habe nur etwas getan, woran ich glaubte: mich warm zu halten", sagte White über den Vorfall. „Ich hatte keine Ahnung, eine derartige Kontroverse auszulösen." Dass den Leuten „die Erdbeeren mit Sahne aus dem Gesicht fielen", war nie ihre Absicht gewesen, beteuerte White.

Die Kleiderpolizei in Wimbledon achtet penibel darauf, dass die Regeln bezüglich der weißen Kleidung eingehalten werden. So kassierte die Kanadierin Eugenie Bouchard im Jahr 2015 als Vorjahresfinalistin eine Verwarnung, weil unter ihrem weißen Oberteil ein schwarzer BH zu erkennen war. In den Regeln des Wimbledon-Clubs steht: Jede bunte Unterwäsche, die während des Spiels sichtbar ist oder sichtbar werden kann (auch aufgrund von Schwitzen) ist nicht erlaubt.

„Es ist sehr seltsam, wenn mir jemand unter den Rock schauen will, um zu sehen, ob ich auch weiße Unterhosen trage", sagte daraufhin die Tschechin Barbora Strycova.

Für die letzte Kleiderkontroverse in Wimbledon sorgte nicht der Club selbst, sondern der Ausrüster *Nike*. Mehrere Spielerinnen hatten sich im Jahr 2016 über den extra für Wimbledon kreiierten Dress beschwert, der als zu kurz und zu freizügig angesehen wurde.

Im Qualifikationsturnier hatten Spielerinnen, die mit dem Nike-Dress spielten, beanstandet, dass der Rock bei bestimmten Bewegungen zu weit nach oben rutscht und dabei im Spielfluss stört. Die Britin Katie Boulter behalf sich deshalb mit einem Stoffgürtel, den sie sich um die Taille band, um das Verrutschen des Kleides zu verhindern. Nike sah sich schließlich dazu veranlasst, das Design des Outfits zu modifizieren. Es wird sicherlich nicht die letzte Episode zur weißen Kleidung in Wimbledon gewesen sein.

56. Warum ist eine goldene Ananas auf dem Wimbledon-Pokal?

Der Wimbledon-Pokal der Herren ist eine der berühmtesten und attraktivsten Sporttrophäen. „Du kannst nicht als ein großer Spieler in Betracht gezogen werden, wenn du nicht in Wimbledon gewonnen hast", sagte einst Mats Wilander. Dem Schweden war es jedoch nicht vergönnt, die prestigeträchtigste Trophäe im Herrentennis zu gewinnen.

Der Wimbledon-Pokal hat eine besondere Geschichte. Nachdem William Renshaw 1886 zum sechsten Mal in Folge Wimbledon gewann, durfte er bereits zum zweiten Mal die aktuelle Trophäe, die damals Field Cup und Challenge Cup hieß, behalten. Der All England Club, der das Wimbledon-Turnier veranstaltet, musste erneut für Ersatz sorgen und beschloss, dass in Zukunft der Pokal im Club bleiben würde, auch wenn ein Spieler den Titel dreimal gewinnt.

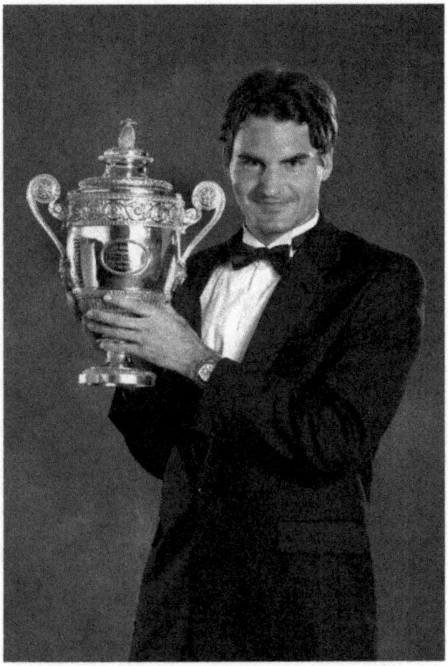

1887 wurde die aktuelle Wimbledon-Trophäe, die 47 Zentimeter groß ist und einen Durchmesser von 19 Zentimetern hat, erstmals verliehen. In der Inschrift des Pokals ist zu lesen: „The All England Lawn Tennis Club Singles Handed Champion of the World". Aus Platzgründen werden die Siegernamen seit 2009 auf dem Sockel eingraviert.

Wer sich den goldenen Wimbledon-Pokal genau anschaut, wird sehen, dass an der Spitze der Trophäe eine goldene Ananas prangt. Warum ausgerechnet diese Frucht zu sehen ist, ließ sich nie zweifelsfrei klären. Eine Theorie besagt, dass die Ananas früher eine kostbare Rarität und ein Zeichen für einen hohen sozialen Status war. Eine andere Theorie besagt, dass es mit einer Tradition der britischen Flottenkapitäne zu tun hat, die eine Ananas auf ihre Torpfosten steckten, wenn sie von der Reise nach Hause zurückkehrten.

Die Herren spielen in Wimbledon also tatsächlich um eine goldene Ananas, deren Gewinn, anders als das geflügelte Wort besagt, für die Spieler alles bedeutet.

57. Was ist der Last-Eight-Club in Wimbledon?

Wimbledon ist das prestigeträchtigste Tennisturnier der Welt, nicht nur für die meisten Zuschauer, sondern auch für die meisten Spieler. Der All England Lawn Tennis and Croquet Club, der das Wimbledon-Turnier seit 1877 ausrichtet, pflegt seine Traditionen.

Im Jahr 1986, zum 100. Turnierjubiläum, eröffnete auf der Anlage der Last-Eight-Club. Aufgenommen in den Last-Eight-Club werden nur Spieler, die in Wimbledon besonders erfolgreich waren. Wenn ein Spieler in Wimbledon im Einzel das Viertelfinale erreicht, erhält er eine lebenslange Mitgliedschaft in diesem elitären Club. Das gilt auch bei der Halbfinalteilnahme im Doppel sowie bei der Finalteilnahme im Mixed.

Mitglieder des Last-Eight-Clubs müssen sich keine Gedanken mehr machen, wann und wie sie auf die Anlage in Wimbledon kommen. Es gibt für jeden Tag ein Groundticket für die Anlage, einen Gästepass, den möglichen Zugang zum Centre Court und Court 1 sowie kostenlosen Kaffee und Tee und eine Happy Hour von 18 bis 19 Uhr in einem speziellen Raum, der wie ein Museum wirkt.

Der Last-Eight-Club, der nur 30 Quadratmeter groß ist, hat derzeit knapp 700 Mitglieder. An den Wänden sind die Namen der Spieler, die zum Last-Eight-Club gehören, verewigt. Viele deutsche Spieler haben sich mit ihren Leistungen in Wimbledon die Aufnahme im Last-Eight-Club gesichert. Darunter Patrik Kühnen, der 1988 im Einzel das Viertelfinale erreichte.

„Als ich damals davon erfahren habe, war ich schon richtig stolz. Man muss sich nur vorstellen: Ich kann mein Leben lang nach Wimbledon kommen", sagte Kühnen gegenüber der *Hamburger Morgenpost* über den Last-Eight-Club.

58. Was ist der „Friedhof der Stars“ in Wimbledon?

Anders als die anderen drei Grand-Slam-Turniere haben die Plätze in Wimbledon keine besonderen Namen. Neben dem Centre Court werden die weiteren Plätze in Wimbledon von 1 an durchnummeriert. Besonders der ehemalige Court 2, auf dem bis zum Jahr 2008 2.192 Zuschauer Platz fanden, wurde weltberühmt als „Friedhof der Stars". Denn auf Court 2, dem drittgrößten Platz der Anlage, schieden zahlreiche Wimbledon-Sieger sensationell aus.

So verlor Jimmy Connors unter anderem zweimal auf dem „Friedhof der Stars". Beim zweiten Mal unterlag Connors im Jahr 1988 gegen den Deutschen Patrik Kühnen, der bei seinem Fünfsatzsieg zum Schluss einen Filmriss hatte. „Den Matchball habe ich später erst im TV wahrgenommen. Ich war so überwältigt vom Sieg. Ich saß zitternd minutenlang in der Umkleide", erinnerte sich Kühnen im Interview mit dem *tennis MAGAZIN* an seinen größten Sieg.

Auch Michael Stich, Andre Agassi, Martina Hingis und die Williams-Schwestern wurden Opfer des „Friedhofs der Stars". Die größte Sensation auf dem „Friedhof der Stars" ereignete sich im Jahr 2002, als Pete Sampras als siebenfacher Wimbledon-Sieger in seinem Match gegen den Schweizer George Bastl, Lucky Loser und nur die Nummer 145 der Welt, nur auf Court 2 angesetzt wurde. Sampras fasste dies als Majestätsbeleidigung auf.

Sampras unterlag in fünf Sätzen und saß nach seiner Niederlage wie versteinert auf seinem Stuhl – es war sein letztes Match in Wimbledon. Und auch Boris Becker wurde in seinem letzten Turnier in seiner Karriere beinahe Opfer des Fluchs von Court 2. Beim Wimbledon-Turnier 1999 stand Becker in seinem Auftaktmatch gegen den unbekannten Wildcard-Spieler Miles MacLagan aus Schottland, Nummer 298 der Welt, kurz vor dem Aus. Becker siegte schließlich nach 0:2-Satzrückstand und Abwehr von drei Matchbällen und wurde somit kein weiteres Opfer vom „Friedhof der Stars".

„Ich habe hier bereits enge Matches gespielt und bin durchgekommen. Und es gibt einen Grund dafür, dass ich immer noch da bin", kommentierte Becker. Für den weiteren Umbau im Wimbledon musste der „Friedhof der Stars" weichen und wurde zunächst kurzzeitig in Court 3 umbenannt, ehe er komplett abgerissen wurde.

59. Warum wurde das Wimbledon-Turnier 1973 boykottiert?

Das Wimbledon-Turnier 1973 wurde aus sportlicher Sicht zum Debakel für die Veranstalter. Während bei den Damen alles normal lief und alle Topspielerinnen antraten, wurde die Herrenkonkurrenz zur Farce. 81 Spieler sagten ihre Teilnahme ab, darunter Titelverteidiger Stan Smith. 13 von 16 gesetzten Spielern zogen zurück.

Was war passiert? Niki Pilic wurde kurz zuvor vom nationalen Verband sowie vom Amateur-Weltverband gesperrt, weil er sich anscheinend geweigert haben soll, im Davis Cup für Jugoslawien anzutreten und stattdessen in Montreal im Doppel um Prämien gespielt hatte. Pilics Sperre fiel in den Zeitraum von Wimbledon. Die im September 1972 gegründete Spielervereinigung ATP rief ihre Spieler schließlich zum Boykott des Wimbledon-Turniers auf, wenn Pilic nicht spielen dürfte.

„Sie werden jedes Turnier bestreiken, aber nicht Wimbledon", wurde damals ein US-amerikanischer Tennisfunktionär zitiert. Doch der Wimbledon-Boykott kam tatsächlich. Fast alle Mitglieder der ATP, bis auf Ilie Nastase, Roger Taylor und Ray Keldie, folgten dem Aufruf. Diese drei Spieler wurden später von der ATP für ihre Teilnahme bestraft. So gewann schließlich der Tscheche Jan Kodes, der noch kein Mitglieder der ATP war, den Wimbledon-Titel. Kodes hatte vorher bereits zweimal die French Open gewonnen.

Zwei weitere Spieler, die ebenfalls der ATP nicht angehörten, spielten sich 1973 in den Vordergrund: Jimmy Connors und der 17-jährige Björn

Borg erreichten das Viertelfinale und wurden in den folgenden Jahren zu Wimbledon-Siegern.

Aus wirtschaftlicher Sicht konnte der Boykott den Veranstaltern nicht viel anhaben. Über 300.000 Zuschauer kamen damals auf die Anlage, was bis dato das zweitbeste Ergebnis der Turniergeschichte war. Dennoch hatte die ATP das Muskelspiel gewonnen und sich dadurch als treibende Kraft im Herrentennis etabliert.

60. Was ist der People's Sunday in Wimbledon?

Wimbledon ist nicht nur das prestigeträchtigste Tennisturnier der Welt, sondern auch das Grand-Slam-Turnier mit den meisten Besonderheiten. Eine davon ist, dass am ersten Sonntag im Turnier, anders als bei den anderen drei Grand-Slam-Turnieren, traditionell spielfrei ist. Dieser spielfreie Sonntag wird als *Middle Sunday* bezeichnet. Der Middle Sunday wurde eingeführt, um den Anwohnern im abseits des Turniers eher ruhigen Wohnviertel in Wimbledon einen Ruhetag zu verschaffen. In der Geschichte von Wimbledon kam es jedoch vor, dass aufgrund der zahlreichen Regentage zuvor der spielfreie Middle Sunday geopfert werden musste, um die reibungslose Fortführung des Turniers zu sichern.

In den Jahren 1991, 1997, 2004 und 2016 wurde am Middle Sunday gespielt. Für diesen Spieltag gingen zügig erhältliche und weitaus günstigere Tickets in den Verkauf, sodass dieser Spieltag den Namen *People's Sunday* bekam. Der spielfreie Middle Sunday soll als Tradition weiterhin gepflegt werden, auch um die anfälligen Rasenplätze etwas zu schonen und diese ausreichend zu bewässern. Der Middle Sunday in Wimbledon führt dazu, dass am darauf folgenden Montag alle Achtelfinals der Damen und Herren ausgetragen werden.

Dieser Spieltag heißt *Manic Monday* und ist für viele Tennisfans der schönste Spieltag im Jahr. Denn alle Achtelfinalspiele an einem Tag gibt es bei keinem anderen Grand-Slam-Turnier.

Neben dem People's Sunday gab es auch den *People's Monday* in Wimbledon. Und zwar im Jahr 2001, als Goran Ivanisevic und Patrick Rafter das Finale erst am Montag spielten, da das Halbfinale wegen Regens erst am Sonntag zu Ende gespielt werden konnte. Für die vielen Tennisfans war dies eine große Chance, sich noch Tickets zu besorgen, die sonst eher den exklusiveren Kreisen vorbehalten sind. Denn die Karten für das Wimbledon-Finale 2001 gingen in den freien Verkauf.

Und so wurde der People's Monday, wie ihn die Briten nannten, zu einem der denkwürdigsten Tennisereignisse aller Zeiten. Auf dem Centre Court, der voll besetzt war mit kroatischen und australischen Fans, ausgestattet mit den jeweiligen Fahnen des Landes, gab es eine Atmosphäre wie in einem Fußballstadion. Solch eine Stimmung spürte man bei einem Tennismatch wohl noch nie – und das ausgerechnet im so förmlichen Wimbledon.

Einen weiteren People's Monday, also ein Finale an einem Montag, wird es in Wimbledon wohl nicht mehr geben, da das Turnier inzwischen über zwei Plätze mit einem Dach verfügt und somit auch bei Regen Planungssicherheit hat.

61. Warum werden die Australian Open auch Happy Slam genannt?

Die Australian Open galten viele Jahre als das unbedeutendste der vier Grand-Slam-Turniere. Wegen der langen Anreise nach Melbourne, wo das Turnier seit 1972 fest ausgetragen wird, sowie des Termins am Ende des Jahres – es wurde längere Zeit zwischen Weihnachten und Silvester gespielt – verzichteten viele Profis, darunter Björn Borg, Jimmy Connors, John McEnroe und Andre Agassi, über Jahre hinweg auf ihre Teilnahme.

Als die Australian Open im Januar 1988 aus dem Stadtteil Kooyong in den Flinders Park (heute bekannt als Melbourne Park) umzogen, der Bodenbelag von Rasen auf Hartplatz wechselte und ein Jahr zuvor auf den

Austragungstermin im Januar umgestellt wurde, begann eine neue Zeitrechnung in Melbourne.

Die Australian Open haben sich seitdem zum zuschauerfreundlichsten und spielerfreundlichsten Grand-Slam-Turnier gemausert. Seit Mitte der 1990er-Jahre ist nun die komplette Weltelite in Melbourne am Start. Die Australian Open haben sich vom Mauerblümchen unter den Grand-Slam-Turnieren zum Trendsetter entwickelt. In Melbourne ist man der Entwicklung im Tennissport meist einige Schritte voraus. Wegen der fröhlichen und ausgelassenen Stimmung der Zuschauer sowie wegen des warmen und sonnigen Wetters werden die Australian Open auch als Happy Slam bezeichnet.

Roger Federer fing der Legende nach damit an, die Australian Open nicht Grand Slam, sondern Happy Slam zu nennen. In Melbourne geht es eine Spur bunter, fröhlicher und internationaler zu als bei den anderen Grand-Slam-Turnieren. Es ist sozusagen ein Festival der Nationen und Kulturen. Besonderen Charme bekommt das Turnier dadurch, dass der Melbourne Park nur einen zehnminütigen Fußmarsch von der Innenstadt entfernt ist und man direkt am Yarra River entlangspaziert, um zur Anlage zu kommen.

In Melbourne ist die Atmosphäre, so sind sich die meisten einig, familiärer und entspannter als bei den anderen Grand-Slam-Turnieren. In Melbourne bekommt der Zuschauer einen guten Mix aus Sport und Unterhaltung geboten. So hat der Tennisfan die Chance, seine Stars hautnah beim Training zu erleben und mit Glück ein Autogramm oder Selfie zu ergattern. Das fachkundige und faire Publikum trägt ein Übriges dazu bei, dass sich die Spieler pudelwohl fühlen in Melbourne.

Allerdings schreitet die Eventisierung bei den Australian Open in rasantem Tempo voran, sodass aufgrund der Vielzahl der Zuschauer auf der Anlage (2020 kamen während des Turniers 812.174 Zuschauer auf die Anlage) der Wohlfühlfaktor beim Happy Slam für einige Tennisfans nachgelassen hat.

62. Warum wird bei den French Open nur auf Französisch gezählt?

Auch wenn der Ursprung des Tennissports in Frankreich liegt, ist die Fachsprache Englisch. Der jeweilige Spielstand wird weltweit immer auf Englisch bekannt gegeben. Bei deutschen Profiturnieren wird der Spielstand zunächst auf Deutsch und dann auf Englisch vom Schiedsrichter durchgegeben. Spielen zwei deutsche Spieler bei einem deutschen Turnier gegeneinander, wurde der Spielstand früher nur auf Deutsch angesagt. Da mittlerweile alle Turniere, auch kleine Profiturniere, im Livestream in die gesamte Welt übertragen werden, ist die Bekanntgabe des Spielstands auf Englisch verpflichtend.

Eine Ausnahme bilden die French Open. Die Franzosen sind sehr stolz auf ihre Sprache und vermeiden es in der Regel, auf Englisch zu sprechen. Beim Grand-Slam-Turnier in Paris, anders als bei anderen Profiturnieren in Frankreich, wird der Spielstand vom Schiedsrichter nur auf Französisch durchgesagt. Die Veranstalter bei den French Open haben dies so festgelegt und wollen dieses Alleinstellungsmerkmal beibehalten.

Wenn es in den Tiebreak geht, sagt der Schiedsrichter demnach: „Jeu décisif." Und es gibt noch eine weitere Besonderheit bei den French Open. Steht es erstmals 40:40, wird der Spielstand als „Quarante à" ausgerufen. Erst beim zweiten Einstand klingt ein „Égalité" vom Schiedsrichterstuhl. Übrigens: Das Grand-Slam-Turnier in Paris ist zwar allgemein als French Open bekannt, doch offiziell heißt das Turnier Roland-Garros. Aber warum Roland-Garros? Das Turnier wurde nach einem französischen Kampfflieger im Ersten Weltkrieg benannt, der Roland Garros hieß.

63. Wer erfand den Davis Cup?

Der Davis Cup ist der traditionsreichste Teamwettbewerb im Tennis sowie der älteste, jährlich ausgetragene Teamwettbewerb im Sport. 1900 wurde der Davis Cup erstmals ausgetragen. Benannt ist er nach seinem Erfinder Dwight Filey Davis.

Der 20-jährige Student aus Harvard formte im Frühjahr 1899 mit seinen Kommilitonen Holcombe Ward und Malcom Whitman die Idee eines Teamwettbewerbs zwischen den USA und Großbritannien, den damals führenden Tennisnationen. Um die Briten über den Atlantik zu locken, investierte Davis, ein Mann aus wohlhabendem Hause, am 9. Februar 1900 die damals gigantische Summe von 1.000 US-Dollar in eine Trophäe – den Geldbetrag, den er gerade bei sich trug.

In der Bostoner Silberschmiede Shreve, Crump & Lowe ließ er eine sechs Kilogramm schwere Sterlingsilber-Schüssel herstellen. Heutzutage würde ein Duplikat der Trophäe mehrere zehntausend US-Dollar kosten. Die Schüssel wurde auf einen Mahagonisockel montiert. Eingraviert ist zu lesen: International Lawn Tennis Challenge Trophy. Etwas kleiner darunter steht: Presented by Dwight D. F. Davis, 1900. Der Pokal ist mittlerweile bekannt als Davis Cup oder „hässlichste Salatschüssel der Welt".

Vom 8. bis 10. August 1900 wurde in Boston der erste Davis Cup zwischen den USA und Großbritannien gespielt. Der Pokalstifter Dwight Filey Davis gehörte auch zum amerikanischen Siegerteam bei der Premierenausgabe sowie im Jahr 1902. 1903 wurde der Davis Cup schließlich für die ganze Welt geöffnet. Inoffiziell hieß die Trophäe und der Wettbewerb bereits lange Zeit Davis Cup, doch erst mit dem Tod von Dwight Filey Davis im Jahr 1945 wurden Wettbewerb und Trophäe offiziell in Davis Cup umbenannt.

Um Platz für weitere Gravuren der Siegernationen zu schaffen, wurde die Schüssel in den 1920er-Jahren auf einen Silberteller gestellt. Auch dies reichte schnell nicht mehr aus, sodass ein Holzsockel mit Silberstreifen hinzukam. Mittlerweile wiegt der Pokal inklusive Holzsockel 105 Kilogramm und ist stolze 110 Zentimeter groß.

Weit mehr als 100 Nationen spielen jedes Jahr im Davis Cup mit. Der Wettbewerb hat, wie stets beschrieben wird, seine eigenen Gesetze. Denn im Davis Cup zählen keine Turniersiege und Weltranglistenplätze, es geht allein um die totale Hingabe für sein Land und die Chance, unsterblich zu werden. In der Vergangenheit passierten immer wieder Überraschungen, mit denen nicht zu rechnen ist.

„Ein Grand-Slam-Sieg macht einen Spieler zum Champion, ein Erfolg im Davis Cup zum Helden", sagte Niki Pilic, der als Teamchef und Berater mit drei unterschiedlichen Ländern fünfmal beim ältesten jährlich ausgetragenen Sportwettbewerb triumphierte. Pilic war bei allen drei Davis-Cup-Erfolgen von Deutschland der Kapitän der Mannschaft. Das deutsche Davis-Cup-Team gewann 1988, 1989 und 1993 die „hässlichste Salatschüssel der Welt". Bei allen drei Finalerfolgen standen Carl-Uwe Steeb und Patrik Kühnen im deutschen Kader.

64. Was ist der Hopman Cup?

Harry Hopman war eine australische Tennislegende. Hopman liebte das Spiel im Doppel und Mixed und kam zu zahlreichen Erfolgen bei Grand-Slam-Turnieren. Mit seiner Frau Neil gewann Hopman vier seiner fünf Grand-Slam-Titel im Mixed. Nach seiner aktiven Karriere machte sich der Australier einen Namen als Trainer und führte sein Land zu 16 Davis-Cup-Triumphen – Rekord!

Mitte der 1980er-Jahre gab es Überlegungen, ein Teamevent mit Männern und Frauen zu veranstalten. Drei Jahre nach dem Tod von Harry Hopman, am 28. Dezember 1988, begann die erste inoffizielle Mixed-Weltmeisterschaft im Tennis im australischen Perth. Die Veranstaltung wurde nach Hopman benannt und hieß Hopman Cup. Zum Turnier in Perth wurden die Nationen eingeladen.

Ein Team bestand aus einer Frau und einem Mann, gespielt wurden ein Damen-Einzel, ein Herren-Einzel und ein Mixed. Der Turniermodus änderte sich im Laufe der Jahre immer ein wenig. Der Grundgedanke blieb jedoch der Gleiche: Die Nationen kämpften zwischen dem Jahreswechsel oder nach dem Jahreswechsel um die inoffizielle Weltmeisterschaft im Mixed. Weltranglistenpunkte gab es für den Hopman Cup nicht, es ging hauptsächlich um das Prestige.

Herzstück des Turniers war das Mixed, das abgesehen von den ersten beiden Auflagen zum Schluss gespielt wurde. Durch das Format bekamen die Zuschauer einige interessante Paarungen geboten, die es sonst auf der Tour nicht gab. So bildeten Boris Becker und Steffi Graf 1992 das deutsche Team und spielten das einzige Mal zusammen Mixed. Bei der 2002er-Ausgabe trat Roger Federer mit seiner damaligen Freundin und zukünftigen Frau Miroslava „Mirka" Vavrinec für die Schweiz an.

Bei der 31. und vorläufig letzten Auflage des Hopman Cups spielten zwei der besten Spieler aller Zeiten, Federer und Serena Williams, im Mixed gegeneinander. Der Hopman Cup kreierte Bilder, die es im Tennis zuvor nicht gegeben hatte. Deutschland war bei den meisten Ausgaben als Nation eingeladen und gewann zweimal den Titel: 1993 mit Steffi Graf und Michael Stich sowie 1995 mit Anke Huber und Boris Becker.

Für die amüsanteste Episode des Hopman Cups sorgte Marc Rosset. Gemeinsam mit der 15-jährigen Martina Hingis spielte Rosset im entscheidenden Mixed im Finale gegen Kroatien um den Titel. Nachdem die Schweiz vier Matchbälle am Stück vergeben hatte, kochten bei Rosset die Emotionen hoch. Der Zwei-Meter-Hüne donnerte seine rechte Faust gegen eine Werbebande. Es war ein Faustschlag mit Folgen. Trotz einer Verletzungspause musste Rosset das Match beim Stand von 5:5 im dritten Satz aufgeben.

Die große Chance auf den Hopman-Cup-Titel war futsch. Während Hingis nach der Siegerehrung bittere Tränen in den Armen ihrer Mutter weinte, zog sich Rosset einen Haarriss im kleinen Finger und in der rechten Hand zu, sodass er seinen Start bei den folgenden Turnieren, unter anderem bei den Australian Open, absagen musste. „Ich kann nicht erklären, wie leid es mir tut, aber manchmal hat man sich selbst nicht unter Kontrolle", zeigte sich der Schweizer zerknirscht.

2019 wurde die bislang letzte Ausgabe des Hopman Cups in Perth ausgetragen. Es gibt zwar Pläne, den Wettbewerb neu aufleben zu lassen, aber bislang wurde noch keine Neuauflage offiziell beschlossen. Sollte 2019 tatsächlich das Ende vom Hopman Cup, der inoffiziellen Mixed-Weltmeisterschaft, gewesen sein, dann endete dieser mit einem Knalleffekt.

Im Endspiel zwischen Deutschland, mit Angelique Kerber und Alexander Zverev, und der Schweiz, mit Belinda Bencic und Roger Federer, entschied nicht nur das Mixed über den Titel, sondern aufgrund eines neuen besonderen Formats auch der allerletzte Punkt über den Titel. Im Tiebreak des dritten Satzes hatten beim Stand von 4:4 sowohl Deutschland als auch die Schweiz gleichzeitig Matchball. Nach einem spektakulären Ballwechsel waren es schließlich die Schweizer, die sich über den Sieg und damit dem Titel im Hopman Cup freuen durften.

65. Was war der Grand Slam Cup?

Tennis war in Deutschland, vor allem dank der Erfolge von Boris Becker und Steffi Graf, in den 1990er-Jahren auf seinem Höhepunkt angelangt. Tennis war eine Massenbewegung, der sich kaum einer entziehen konnte. Das Fernsehen übertrug beinahe täglich die Spiele der deutschen Helden zur besten Sendezeit. Das Spiel mit dem gelben Filzball war eine sogenannte *Cash Cow*, die solange gemolken wurde, wie es möglich war. Da passte es ins Bild, dass 1990 ein Turnier ins Leben gerufen wurde, das damals alle Dimensionen sprengte.

Die Rede ist vom Grand Slam Cup, der zehn Jahre lang in der Olympiahalle in München ausgetragen wurde. Im Jahr 1989 hatte der spätere Becker-Manager Axel Meyer-Wölden gemeinsam mit Robert Lübenoff die Veranstaltung entwickelt. Teilnahmeberechtigt waren die besten 16 Spieler im Herrentennis bei den vier Grand-Slam-Turnieren des abgelaufenen Jahres.

Über den Stellenwert des Turniers, das im Dezember auf einem schnellen Hallenboden gespielt wurde, gab es viele Diskussionen. Denn außer Geld gab es nichts zu gewinnen, wonach Tennisspieler eigentlich streben. Punkte für die Weltrangliste gab es keine, aber dafür eben „richtig dick Kohle", wie die Spieler selbst feststellten.

Die Veranstaltung des Tennisweltverbands ITF (Ausrichter der vier Grand-Slam-Turniere sowie des Davis Cups und Fed Cups) war in den ersten Jahren mit insgesamt sechs Millionen US-Dollar dotiert und damit das Turnier mit dem höchsten Preisgeld. Für den Sieger des Grand Slam Cups gab es ein Drittel des gesamten Preisgeldes, also zwei Millionen US-Dollar. Falls der Gewinner des Wettbewerbs im selbigen Jahr bei einem Grand-Slam-Turnier siegreich war, kam zusätzlich noch ein Bonus von einer Million US-Dollar obendrauf. Alleine die Teilnahme an der ersten Runde brachte ein stattliches Salär von 100.000 US-Dollar.

Bei solch horrenden Summen hätten die Spieler Schlange stehen müssen, um beim letzten Turnier des Jahres dabei zu sein. Doch bei der Premiere 1990 fehlte mit Boris Becker ausgerechnet das Zugpferd für den Grand Slam Cup, auch kein anderer deutscher Spieler war qualifiziert. Becker stellte die Frage, ob die Veranstaltung bei so viel Geld für eine Woche Arbeit nicht unmoralisch wäre und gab die Antwort prompt selbst, indem er nicht antrat.

Auch von der ATP gab es Kritik, die das Millionenevent als Konkurrenz betrachtete. Der Turniermodus des Grand Slam Cups war im Vergleich zur ATP-WM, die im Round-Robin-System gespielt wurde, einfach gehalten. Es wurde im gewohnten K.-o.-System gespielt, Achtelfinale und Viertelfinale gingen über zwei Gewinnsätze, ab dem Halbfinale wurde über drei Gewinnsätze gespielt.

Die Premiere des Grand Slam Cups gewann 1990 Pete Sampras. Da Sampras im gleichen Jahr auch die US Open gewinnen konnte, verließ er Deutschland mit drei Millionen US-Dollar mehr in seiner Tasche – ein nettes Weihnachtsgeschenk. 1992 siegte Michael Stich beim Grand Slam Cup in München. „Ich wäre viel glücklicher, wenn ich Wimbledon gewonnen und 10.000 US-Dollar Preisgeld erhalten hätte, als hier zu gewinnen und zwei Millionen zu kassieren", sagte Stich hinterher.

1996 triumphierte Boris Becker beim Grand Slam Cup. 1998 und 1999 wurde der Wettbewerb auch bei den Damen ausgespielt. Bei der letzten Ausgabe der Herren im Jahr 1999 schaffte es mit Tommy Haas ein Deutscher ins Endspiel, das er gegen Greg Rusedski verlor. Die zweite und letzte Ausgabe des Grand Slam Cups bei den Damen gewann Serena Williams im Endspiel gegen ihre Schwester Venus.

66. Was ist die Orange Bowl?

Im Tennis gilt die Regel: Lege ich eine gute Juniorenkarriere hin, schaffe ich es auch bei den Profis. Es gibt aber auch genug Beispiele, dass Spieler ohne eine gute Karriere bei den Junioren herausragende Profis wurden. So spielten die Schwestern Serena und Venus Williams sowie Naomi Osaka kein einziges Match bei offiziellen Juniorenturnieren des Tennisweltverbands, ehe sie auf die Profitour einstiegen.

Bei den Junioren sind ebenfalls die vier Grand-Slam-Turniere der Gradmesser für die Qualität eines Spielers. Stefan Edberg ist der einzige Juniorenspieler, der 1983 alle vier Grand-Slam-Turniere innerhalb eines Jahres gewinnen konnte.

Neben den vier Grand-Slam-Events gibt es ein weiteres Turnier, das bei den Junioren heraussticht und größte Priorität besitzt. Es ist die Orange Bowl, die inoffizielle Weltmeisterschaft der Junioren, die seit 1947 jedes Jahr zum Ende des Jahres im US-Bundesstaat Florida ausgetragen wird. Es gibt vier Alterskonkurrenzen bei der Orange Bowl, U12, U14, U16 sowie die Konkurrenz U18, die am prestigeträchtigsten ist.

Die US-Amerikanerin Mary-Joe Fernandez schaffte als einzige Spielerin das Kunststück, in allen vier Konkurrenzen zu gewinnen. Bei der Orange Bowl trat das Who's who des modernen Tennis an: Steffi Graf, Boris Becker, Andre Agassi, Monica Seles, Roger Federer, Björn Borg und viele weitere kommende Grand-Slam-Champions und Nummer-eins-Spieler schlugen bei der Orange Bowl in Florida auf.

Einen deutschen Turniersieger im Einzel in der U18-Konkurrenz der Orange Bowl gab es bislang noch nicht. Andrea Glass (1991) und René Nicklisch (1992) siegten in der U16-Konkurrenz. Tommy Haas schaffte 1995 den Einzug ins Finale der U18-Konkurrenz. Drei Jahre zuvor hatte Haas in der U14-Konkurrenz den Titel geholt.

Berühmte Sieger in der U18-Konkurrenz, die später eine Weltkarriere hinlegten, sind Chris Evert, Björn Borg, Ivan Lendl und Roger Federer. Für Federer war der Sieg bei der Orange Bowl 1998 das Ende seiner Juniorenkarriere. Der Schweizer schaffte dadurch zum ersten Mal den Sprung auf Platz eins der Junioren-Weltrangliste.

„Ein schönes Weihnachtsgeschenk", sagte Federer, der sich vor dem Turnier nach einer verlorenen Wette die Haare blond gefärbt hatte. Nach seinem Titelgewinn bei der Orange Bowl und dem Sprung auf Platz eins der Weltrangliste bei den Junioren befestigte Federer einen Klebestreifen mit der Aufschrift „Hier wohnt die Nummer 1!" an seiner Zimmertür.

67. Seit wann ist Tennis olympisch?

Neun Sportarten waren bei den ersten Olympischen Spielen 1896 in Athen im Programm. Tennis war eine davon. Bei den Olympischen Spielen 1908 in London fanden gleich zwei olympische Tennisturniere statt: das erste in der Halle im Londoner Queen's Club, das zweite unter freiem Himmel auf Rasen in Wimbledon. Bis zum Jahr 1928 gehörte Tennis zum olympischen Programm.

Doch nach Streitereien zwischen dem Internationalen Olympischen Komitee und dem Tennisweltverband ITF über die Definition des Amateurstatus wurde Tennis aus dem Programm gestrichen. Damals durften nur Amateure an Olympischen Spielen teilnehmen. Außerdem missfielen dem Tennis-Weltverband die Bedingungen, unter denen die Tennisspieler bei den Olympischen Spielen 1924 in Paris spielen mussten. Sie spielten auf Plätzen, wo es weder Umkleiden noch Toiletten gab.

Viele Jahre herrschte Eiszeit zwischen dem Internationalen Olympischen Komitee und dem Tennisweltverband. Im Jahr 1964 wurde die ITF vom Internationalen Olympischen Komitee als Organisation wieder anerkannt. 1968 gehörte Tennis zum Demonstrationsprogramm bei den Olympischen Spielen in Mexiko-City.

Philippe Chatrier, im Jahr 1977 zum Präsidenten der ITF gewählt, unternahm große Anstrengungen, damit Tennis wieder olympisch wurde. Am 5. Oktober 1981 wurde schließlich in Baden-Baden beschlossen, Tennis erneut ins olympische Programm aufzunehmen. Nachdem 1984 in Los Angeles Tennis ein weiteres Mal als Demonstrationswettbewerb mit einem Alterslimit von 21 Jahren gespielt wurde, kehrte es 1988 bei den Olympischen Spielen in Seoul offiziell ins Programm zurück.

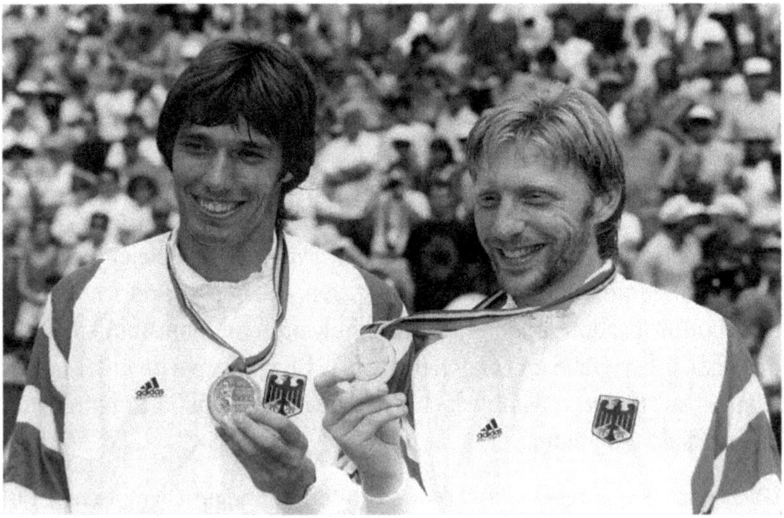

Dies war gleichzeitig der Paradigmenwechsel in der olympischen Bewegung, denn seitdem ist es auch Profisportlern erlaubt, an Olympischen

Spielen teilzunehmen. Deutschland gewann bis 2016 zwölf olympische Medaillen im Tennis: dreimal Gold, sechsmal Silber und dreimal Bronze. Dorothea Köring und Heinrich Schomburgk gewannen 1912 im Mixed Gold für Deutschland ebenso Steffi Graf 1988 im Damen-Einzel sowie Boris Becker und Michael Stich 1992 im Herren-Doppel. Silber gewannen Otto Froitzheim (1908), Dorothea Köring (1912), Steffi Graf (1992), Tommy Haas (2000) und Angelique Kerber (2016) im Einzel sowie das Duo Nicolas Kiefer/Rainer Schüttler (2004) im Doppel. Bronze errang Oscar Kreuzer (1912) im Einzel sowie das Duo Steffi Graf/Claudia Kohde-Kilsch (1988) und Marc-Kevin Goellner/David Prinosil (1996) im Doppel.

Streng genommen sind es 13 deutsche Medaillen, da Friederich Traun bei den ersten Olympischen Spielen im Herren-Doppel Gold an der Seite vom Briten John Noland gewann. Damals waren gemischte Teams erlaubt. Auch bei den beiden Demonstrationswettbewerben in den Jahren 1968 und 1984 waren Deutsche erfolgreich. Helga Masthoff siegte 1968 in Mexiko-City im Einzel und im Doppel an der Seite von Edda Buding. Steffi Graf gewann 1984 den Einzel-Wettbewerb in Los Angeles.

68. Was war das Besondere am ersten Olympiasieger?

Wie beschrieben, gehörte Tennis als eine von neun Sportarten zu den ersten Olympischen Spielen 1896 in Athen. 15 Teilnehmer nahmen an der Konkurrenz im Herren-Einzel teil, einer von ihnen war der Ire John Pius Boland.

Doch Boland war für das Teilnehmerfeld eigentlich gar nicht vorgesehen. Der 25-jährige Student aus Oxford machte Urlaub in Athen und besuchte einen Freund aus Griechenland, Thrasyvoalos Manaos, der zwei Jahre zuvor an der Universität von Oxford einen Vortrag über die Olympischen Spiele gehalten hatte. Manaos war zufälligerweise Mitglied im Olympischen Komitee und meldete Boland spontan für das

Einzel an, obwohl dieser ohne richtige Tennisausrüstung nach Athen gekommen war.

Boland, ein passionierter Spieler, wollte gar nicht beim olympischen Tennisturnier antreten und nur aus Freizeitgründen in Athen Tennis spielen. Als Manaos ihn anflunkerte und sagte, dass Tennisspielen nur auf der Olympiaanlage in Athen möglich sei, stimmte Boland zu, besorgte sich eine Hose, Schuhe mit Ledersohlen und Absätzen und „so etwas Ähnliches wie einen Tennisschläger", wie er selbst sagte. Und tatsächlich: Der Ire holte sich die Goldmedaille – zum Leidwesen der Griechen.

Boland besiegte im Finale Dionysius Kasdaglis mit 7:5, 6:4, 6:1. Und auch im Doppel ging Boland kurzfristig an den Start, nachdem der Deutsche Friedrich Traun aufgrund der Verletzung seines Landsmanns ohne Partner dastand. Boland durfte einspringen und mit Traun, den er in der ersten Runde im Einzel besiegt hatte, gemeinsam Doppel spielen. Und auch hier war Boland erfolgreich und gewann nach dem Olympia-Gold im Einzel auch die Goldmedaille im Doppel. Die Tenniskarriere von Boland ging nach dem doppelten Triumph nicht weiter. Er entschied sich, in die Politik zu gehen.

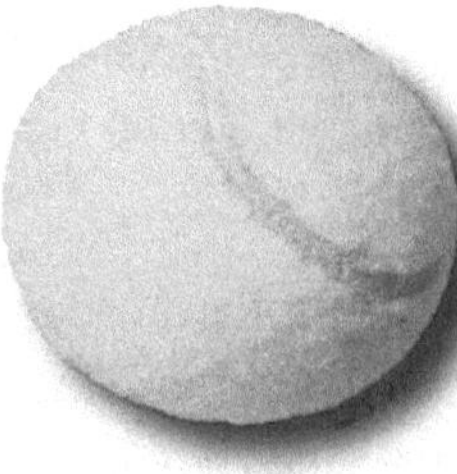

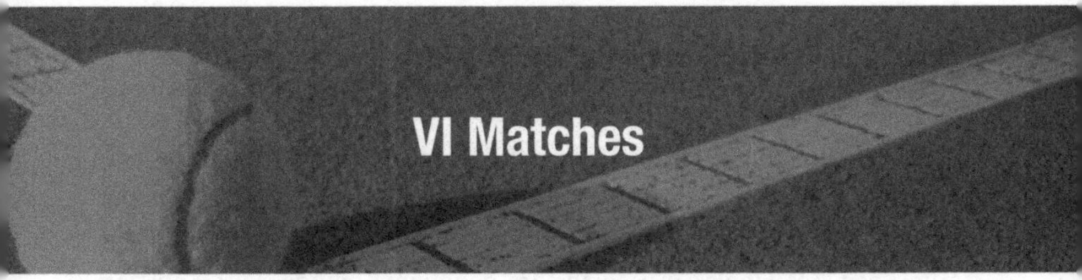

VI Matches

69. Warum war der Vorlauf zum Wimbledon-Finale 1996 so bizarr?

An das Wimbledon-Finale 1996 in der Herrenkonkurrenz erinnern sich wohl nur die größten Tennisfans. Im Finale der Außenseiter standen sich der Niederländer Richard Krajicek und der US-Amerikaner MaliVai Washington gegenüber. Krajicek siegte klar mit 6:3, 6:4, 6:3 und krönte seinen Traumlauf in Wimbledon. Während des Turnierverlaufs bezwang er die Wimbledon-Sieger Michael Stich und Pete Sampras und gab insgesamt nur einen Satz im Tiebreak ab. Das Endspiel am 7. Juli 1996 zwischen Krajicek und Washington ging nicht als spielerischer Leckerbissen in die Tennisgeschichte ein. Zu einseitig war der Matchverlauf.

Bizarr war jedoch der Vorlauf zum Finale. Beim offiziellen Pressefoto vor dem Match stahl eine Dame namens Melissa Johnson den beiden Finalisten die Show auf dem heiligen Rasen. Die 23-jährige Studentin arbeitete während des Turniers an einem Pizzastand. Kurz vor Beginn des Finales lief Johnson nur mit einer Schürze bekleidet über den Centre Court an den beiden Spielern vorbei und gewährte den Finalisten freie Sicht auf ihren nackten Oberkörper.

„Es hat noch nie jemand gemacht und es musste gemacht werden, oder etwa nicht?!", begründete Johnson später gegenüber der britischen Zeitung *Mirror*. „Es war meine Idee. Aber natürlich spornten mich meine Kollegen an, die Idee auch wirklich umzusetzen", sagte sie weiter. Im traditionellen Wimbledon, wo extrem viel Wert auf Stil und Etikette gelegt wird, wurde die Aktion der Flitzerin mit sehr viel Amüsement bei den Spielern und den Zuschauern aufgenommen, auch bei der königlichen Familie.

„Wir müssen Zeitlupen aus jedem Blickwinkel zeigen", forderte John McEnroe, der das Finale fürs Fernsehen kommentierte. Die Flitzereinlage von Johnson hatte insoweit nur Folgen, dass sie von der Polizei bis zum Ende des Finales in Gewahrsam genommen wurde. Eine Sanktion vom Veranstalter, dem All England Club, gab es für die freizügige Einlage nicht. Die nackten Tatsachen hinterließen bei Washington bleibenden Eindruck.

Beim Einspielen lüftete der US-Amerikaner, der 1994 vom *People Magazine* zu den schönsten 50 Menschen der Welt gewählt wurde, sein Shirt in Anspielung auf die Szene Sekunden zuvor und erntete dafür stehende Ovationen vom Publikum. Washington war anscheinend so beeindruckt von der Einlage der jungen Dame, dass er sich nicht mehr auf das Finale konzentrieren konnte und nach 94 Minuten verlor.

„Sie hat mich angelächelt und trug dabei nichts als eine Schürze. Sie zog sie hoch und lächelte mich immer noch an. Sie verdrehte mir den Kopf und drei Sätze später hatte ich verloren. Vielleicht hätte ich mehr Glück gehabt, wenn sie zurückgekommen wäre", gab Washington nach dem Finale zu Protokoll.

Während Melissa Johnson ihre 15 Minuten Ruhm durch ihren Striptease bekam, ging die Karriere von Washington nach dem verlorenen Finale steil bergab. Für Krajicek blieb es der einzige Titel bei einem Grand-Slam-Turnier. Die Stripteaseeinlage machte seinen Erfolg in Wimbledon umso denkwürdiger für ihn.

70. Womit brachte Michael Chang bei den French Open Ivan Lendl zur Verzweiflung?

Mit dem Namen Michael Chang verbinden die meisten ein ganz besonderes Tennismatch. Es ist das Achtelfinale der French Open im Jahr 1989. Es hatte etwas von David gegen Goliath, als sich Ivan Lendl und Chang gegenüberstanden. Auf der einen Seite der 29-jährige Tschechoslowake, der souverän die Weltrangliste anführte, im gleichen Jahr bereits fünf Turniere gewann und bereits dreimal in Roland Garros triumphieren konnte. Auf der anderen Seite der 17-jährige Teenager aus den USA, Nummer 15 der Welt. Chang war vom Körperbau und der Athletik „Ivan dem Schrecklichen", wie Lendl liebevoll genannt wurde, ganz und gar nicht ebenbürtig.

Doch der Sohn taiwanesischer Einwanderer hielt mit seinen flinken Beinen und seinem großen Kämpferherz dagegen. Nach einer 2:0-Satzführung für Lendl hätten wohl nur die wenigsten Zuschauer noch einen Pfifferling auf Chang gesetzt und ihm eine Aufholjagd zugetraut. Doch Chang gab nie auf und spielte sich mit seiner unorthodoxen Spielweise zurück in das Match.

Der Teenager glich tatsächlich in den Sätzen aus und konnte sich im fünften Satz, geplagt von Wadenkrämpfen, kaum noch auf den Beinen halten. Changs Aufschläge waren mittlerweile nur noch Einwürfe. Doch Lendl konnte aus der körperlichen Verfassung von Chang kein Kapital schlagen. Die hohen Mondbälle, die mit zunehmender Spielzeit immer mehr wurden, brachten den Weltranglistenersten völlig zur Verzweiflung.

Als Chang im fünften Satz mit 4:3 führte, kam es zu einer der denkwürdigsten Szenen der Tennisgeschichte, die mehr als 30 Jahre danach immer noch für reichlich Gesprächsstoff sorgt. Chang schnippelte einen Aufschlag von unten ins Feld. Der überraschte Lendl griff daraufhin an und wurde passiert.

Die Zuschauer im Stade Roland Garros tobten vor Euphorie. Lendl war nun völlig bedient und kochte innerlich. Wenig später erspielte sich Chang den Matchball und griff beim zweiten Aufschlag von Lendl erneut in die Trickkiste, indem er sich direkt an die T-Linie stellte. Lendl schaute irritiert zum Schiedsrichter, zögerte mit dem Aufschlag und schlug diesen an die Netzkante, der daraufhin ins Aus sprang. Chang hatte tatsächlich die Sensation geschafft und den haushohen Favoriten bei den French Open bezwungen.

„Es war eine lange Reise mit Ivan, aber Gott und Jesus Christus waren mit mir", sagte Chang später. Lendl hingegen war genervt: „Ich sah die Mücke da drüben, konnte sie aber nicht totmachen." Trotzdem zollte Lendl seinem Gegner Respekt: „Er hat sehr viel Courage bewiesen und verdient Hochachtung dafür. Wenn du Krämpfe hast, ist es sehr schmerzvoll und beinahe unmöglich zu spielen." John McEnroe sagte einst über dieses Duell: „Es war das verrückteste Match, das jemals in Paris, wenn nicht in der ganzen Tennisgeschichte gespielt wurde."

Das Märchen von Chang ging weiter. Er fand sich einige Tage später im Finale gegen Stefan Edberg wieder, den der „kleine Riese" ebenfalls niederrang. Somit wurde Chang der bislang jüngste Grand-Slam-Sieger aller Zeiten – mit 17 Jahren und 110 Tagen. „Diese zwei Wochen in Paris waren ein großer Spaß, die beste Zeit meines Lebens und werden für den Rest meines Lebens bleiben. Vielleicht werde ich eines Tages noch etwas Größeres erreichen", meinte Chang, der damit aber nicht recht behielt. Es sollte sein einziger Grand-Slam-Titel bleiben.

71. Was war die denkwürdigste Aufgabe der Grand-Slam-Geschichte?

Aufgeben tut kein Spieler gerne, schon gar nicht auf der ganz großen Bühne bei einem Grand-Slam-Turnier. Aufgeben, wenn man in Führung liegt, kommt sehr selten vor auf der Tennis-Tour. Meist ist eine Verletzung im Spiel, die ein Weiterspielen völlig unmöglich macht.

Bei den French Open 1991 war es etwas anderes, das Jimmy Connors zur Aufgabe brachte. Connors, damals bereits 38 Jahre alt, spielte in der dritten Runde gegen seinen 19-jährigen Landsmann Michael Chang, den French-Open-Sieger von 1989. Der US-Amerikaner holte bei schwülwarmen Temperaturen in Paris alles aus seinem Körper heraus, was möglich war. Connors ging bis an die Schmerzgrenze und bot Chang einen heldenhaften Kampf. Nach dem vierten Satz machte der 38-Jährige erstmals in seiner Karriere schlapp. Es stand 6:4, 5:7, 2:6, 6:4, 15:0 aus der Sicht von Connors, als der 38-Jährige völlig entkräftet und zur großen Überraschung aller Beteiligten auf dem Court Central in Roland Garros das Match abbrach.

Connors schilderte den Vorlauf zu der wohl denkwürdigsten Aufgabe der Grand-Slam-Geschichte in seiner Biografie *The Outsider* wie folgt: „Ich hatte keine Idee, wer ich war oder was ich getan habe. Ich war fertig – Erschöpfung, Dehydration, alles. Dinge halbherzig zu machen, passt nicht zu meiner Persönlichkeit. Ein Pärchen in der Zuschauermenge machte eine Bewegung, um zu gehen. ‚Geht nicht', sage ich zu ihnen. ‚Das ist noch nicht zu Ende.' Ich breakte Chang zum 5:4 und hielt meinen Aufschlag, sodass es 2:2 nach Sätzen stand. Nach 3:31 Stunden stand ich meinem zweiten Fünfsatzmatch in zwei Tagen gegenüber.

Verwundet und erschöpft schleppte ich mich aus meinem Stuhl. Ich wusste, dass ich so weit gegangen bin, wie ich konnte. Mein Rücken war eingerostet, meine Sicht verzerrt, mein Kopf drehte sich. Töte oder werde getötet? Welches Arschloch hat das gesagt? Während all dieser Monate mit Schmerzen und Schweiß, die mich zu diesem Moment in Paris gebracht hatten, konnte ich nur an eine Sache denken: das Turnier, das mich definierte, die US Open. New York im September. Weiterzumachen gegen Chang wäre verrückt gewesen, alles aufs Spiel zu setzen, wofür ich gearbeitet habe. Wenn ich es vermassle und mich verletze, wäre es das für den Sommer gewesen und vielleicht für immer. Ich hatte keine andere Wahl. Das Publikum wollte mehr. Ich dachte mir: ‚Komm. Michael, zeige, was du hast.'

Chang servierte den ersten Punkt im fünften Satz. Ich attackierte ihn mit meiner Rückhand und schickte den Ball genau auf die Grundlinie, worauf er keine Antwort hatte. Nun war ich fertig. Langsam ging ich zum Schiedsrichterstuhl von Bruno Rebeuh. Der Spielstand zeigte 4:6, 7:5, 6:2, 4:6, 0:15 an. Wenn du aufgeben musst, dann tue es, wenn du führst."

Und so machte es Connors auch. „Mein Rücken schmerzt. Ich habe mir den Hintern aufgerissen. Wenn ich sage, ich kann nicht mehr spielen, dann kann ich nicht mehr spielen. Ich kann einfach nicht mehr spielen", sagte er zu Bruno Rebeuh, der daraufhin zur großen Überraschung von Chang und des Publikums das Match für beendet erklärte. In der Umkleidekabine hing Connors völlig entkräftet für zwei Stunden an einem Tropf.

Rückblickend hatte der 38-Jährige die richtige Entscheidung getroffen und den Fortlauf seiner Karriere sowie die Teilnahme an seinen geliebten US Open nicht aufs Spiel gesetzt. Denn drei Monate später erlebte er in New York einen unglaublichen Lauf, von dem die Tenniswelt noch heute ehrfürchtig spricht. Connors spielte denkwürdige Matches, erreichte im Alter von 39 Jahren sensationell das Halbfinale bei den US Open und verwandelte Flushing Meadows in einen Hexenkessel.

72. Warum sorgte ein Platzwart beim Turnier in Amelia Island für einen Skandal?

30 Jahre lang gehörte das WTA-Turnier in Amelia Island im US-Bundesstaat Florida zu einem der prestigeträchtigsten auf der WTA-Tour. Zahlreiche Legenden im Damentennis trugen sich in Amelia Island in die Siegerliste ein, darunter Steffi Graf, Martina Navratilova und Monica Seles. Bei der 2002er-Ausgabe in Amelia Island gab es ein Match, das es bis dato noch nie gegeben hatte – und hoffentlich auch nie wieder vorkommen wird.

Tennisplätze sind bei einigen Turnieren nicht fest installiert und werden erst kurz vor Turnierbeginn errichtet. Über die Maße eines Tennisplatzes gibt es keinen Spielraum. Sie sind überall auf der Welt gleich. Das Rechteck eines Tennisplatzes ist insgesamt 23,77 Meter lang. Das Netz soll an den Pfosten auf einer Höhe von 1,07 Metern befestigt werden, die Höhe des Netzes in der Mitte sollte 0,914 Meter betragen. Für das Einzelfeld gilt eine Breite von 8,23 Metern, im Doppel eine Breite von 10,97 Metern. In einem Abstand von je 6,4 Metern (21 Fuß) liegt auf beiden Seiten des Platzes parallel zum Netz die T-Linie, zwischen Beginn der T-Linie und dem Anfang der Grundlinie sind es 5,49 Meter (18 Fuß). So weit, so gut.

Platzwart Bert Evatt kümmerte sich in Amelia Island um die Errichtung der Plätze. Mit 22 Jahren Berufserfahrung war Evatt ein alter Hase unter den Platzwarten. Aber auch erfahrenen Platzwarten unterlaufen Fehler. In der ersten Runde spielten die Luxemburgerin Anne Kremer und die US-Amerikanerin Jennifer Hopkins gegeneinander. Was auffiel: Beide Spielerinnen hatten große Schwierigkeiten damit, ihren Aufschlag ins Feld zu bringen. Insgesamt 29 Doppelfehler wurden im Match gezählt – 16 für Kremer und 13 für Hopkins. Beide Spielerinnen waren irritiert aufgrund ihrer vielen Doppelfehler und fragten beim Schiedsrichter Ted Watts nach, ob irgendwas mit dem Aufschlagfeld nicht stimmte.

Aber der Schiedsrichter machte keine Anstalten, den Platz zu überprüfen, auch weil er wusste, dass auf diesem Platz in den Tagen zuvor die Qualifikationsmatches stattfanden und es dort alles reibungslos lief. Kremer gewann das Match schließlich mit 5:7, 6:4, 6:2.

Erst nach einer erneuten Forderung nach einer Überprüfung erbarmte sich Schiedsrichter Watts, den Platz zu begutachten. Und tatsächlich: Es stimmte etwas nicht mit den Ausmaßen des Platzes. Die Messungen ergaben eine um 0,9144 Meter oder drei Fuß näher zum Netz eingezeichnete Aufschlaglinie, also ein wesentlich kürzeres Aufschlagfeld. Das war also der Grund für die vielen Doppelfehler, die sich Kremer und Hopkins nicht so recht erklären konnten. Schuld daran war Platzwart Bert Evatt, der nach der Qualifikation das Spielfeld neu angelegt hatte und sich dabei einen Fauxpas leistete. Evatt vertauschte die Abstände zwischen Aufschlaglinie und Netz (21 Fuß) sowie Aufschlaglinie und Grundlinie (18 Fuß) und sorgte somit für eines der skurrilsten Matches der Tennisgeschichte.

Hopkins legte Einspruch ein und forderte eine Wiederholung des Matches. Nach sechsstündigen Beratungen kam die WTA zu dem Entschluss, das Match trotz der fehlerhaften Markierung offiziell zu werten. Denn der Schiedsrichter ließ beide Spielerinnen das Match durchführen und die Bedingungen waren für Kremer und Hopkins identisch.

Platzwart Evatt war peinlich berührt über seinen Fehler. „Ich weiß, dass es 18 und 21 ist. Ich habe es hunderte Male so gemacht. Aber aus irgendeinem Grund habe ich die Distanzen vertauscht. Ich kann es mir nicht erklären, warum. Ich habe es vermasselt", sagte Evatt. Dass Evatt einen Riesenbock geschossen hat, war offensichtlich.

Dennoch blieb die Frage, warum beide Spielerinnen, welche die richtigen Ausmaße eines Tennisplatzes im Gefühl haben müssten, nicht noch energischer eine Überprüfung forderten. Denn ein knapper Meter weniger Aufschlagfläche sollte jedem Tennisspieler, der regelmäßig spielt, sofort ins Auge springen. Auch dass dem erfahrenen Schiedsrichter Watts das Missverhältnis zwischen Aufschlaglinie und Grundlinie nicht sofort ins Auge stach, war ein kleiner Skandal.

Für einen weiteren Skandal sorgte Watts zwei Jahre später auf der ganz großen Bühne, beim Wimbledon-Turnier 2004. In der zweiten Runde zwischen der Kroatin Karolina Sprem und der US-Amerikanerin Venus Williams verzählte sich Watts zugunsten von Sprem. Die Kroatin gewann im Tiebreak des zweiten Satzes beim Stand von 2:1 den Punkt. Doch anstatt den richtigen Spielstand von 3:1 anzusagen, verkündete Watts die 4:1-Führung von Sprem.

Sowohl Williams als auch Sprem machten den Schiedsrichter auf diesen Fehler nicht aufmerksam, sodass es tatsächlich mit dem falschen Spielstand 4:1 weiterging. Sprem gewann schließlich die Partie mit 7:6, 7:6. Williams reagierte auf die Tatsache, dass sie um einen Punkt beraubt wurde, gelassen. „Ich glaube nicht, dass eine Entscheidung ein gesamtes Match ausmacht", sagte sie über die wohl größte Fehlentscheidung in Wimbledon.

73. Warum brach Pete Sampras bei einem Australian-Open-Match in Tränen aus?

Pete Sampras war nicht für die großen Gefühlsausbrüche auf und abseits des Platzes bekannt. „Ich lasse lieber meinen Schläger sprechen", war die Devise von „Pistol Pete". Bei den Australian Open 1995 im Viertelfinalmatch gegen Landsmann Jim Courier ging es hochemotional zu auf dem Platz, als der US-Amerikaner bittere Tränen während des Matches weinte.

Tim Gullikson, der Trainer von Sampras, brach während des Turniers mit einem Schwächeanfall zusammen und musste ins Krankenhaus. In den Monaten zuvor war Gullikson bereits zweimal in Ohnmacht gefallen. Mit dem mulmigen Gefühl, dass sein Trainer und Freund schwerkrank ist, ging Sampras in das Match. Zu Beginn des fünften Satzes fing Sampras an zu weinen. Der von so vielen als Tennisroboter verschriene Sampras zeigt seine Gefühle und weinte um seinen kranken Trainer – und das vor einem vollen Stadion in Melbourne sowie vor einem Millionenpublikum an den Fernsehgeräten. Auch während des Seitenwechsels liefen Tränen über sein Gesicht.

„Als ich in meinem Stuhl während des Seitenwechsels saß, begann ich, über Tim nachzudenken. Ich dachte an Tim im Krankenhaus zurück, wie verletzlich und traurig er war. Einen Moment später brach ich auseinander. Diese ganze Sache hatte sich in mir aufgestaut. Die kraftvollen Emotionen, die ich die ganze Zeit verdrängt hatte, mussten und wollten heraus. Es war nicht meine Art, Dinge rauszulassen, schon gar nicht bei einem Tennismatch. Deshalb wusste ich nicht, wo ich mit meinen Gefühlen hin sollte. Dass ich meine Gefühle kontrollieren wollte, machte es dabei noch viel schlimmer", schilderte Sampras später diesen Vorfall in seiner Biografie *A Champion's Mind*.

Es wurde angenommen, dass ein Ruf eines Zuschauers für den Gefühlsausbruch bei Sampras gesorgt hatte. Doch davon distanzierte sich der US-Amerikaner in seiner Biografie. „Es gibt einen Mythos über den gesamten Vorfall. Die Idee, dass mein Zusammenbruch begann, als ein Fan schrie ‚Auf geht's, Pete. Tu es für deinen Coach.' Doch das ist nicht wahr. Ich habe den Kerl nicht einmal gehört", klärte Sampras die Situation auf. Sampras konnte nicht aufhören zu weinen.

Beim Stand von 1:1 und 30:0 im fünften Satz rief Courier ihm zu: „Bist du in Ordnung, Pete? Wir können das auch morgen zu Ende bringen." Sampras glaubte, dass sich Courier, der mit Sampras' Trainer befreundet war, über ihn lustig machte. „Jims Bemerkung hat mich geärgert. Es hat mich aber aus meiner schrecklichen Lage befreit. Ich musste mich neu sortieren. Ich wusste nicht, wie ich die Bemerkung auffassen sollte. Die Fans haben darüber gelacht", sagt Sampras später über die Situation.

Trotz ihrer Freundschaft zueinander sprachen beide in den nächsten Jahren nie über diesen Vorfall. Nach Couriers Zuruf war Sampras aus seiner gefühlten Ewigkeit befreit. „Das waren wahrscheinlich die längsten zehn Minuten meines Lebens. All das ist vor einem vollen Stadion und vor einem internationalen Fernsehpublikum passiert. Die Leute konnten sehen, wie ich mich drehe und winde so wie ein Käfer unter einem Mikroskop. Es war qualvoll, aber Jims böser Witz brachte mich wieder in die Realität zurück, und ich antwortete darauf gut."

Sampras gewann schließlich das emotionale Viertelfinalmatch. Bei Sampras' Trainer wurde später ein Gehirntumor diagnostiziert, woran er ein Jahr später starb.

74. Warum wurde das US-Open-Match zwischen John McEnroe und Ilie Nastase zum Skandal?

Es ist das wohl verrückteste und kurioseste Match, das bei den US Open gespielt wurde. Mit John McEnroe und Ilie Nastase trafen in der zweiten Runde bei den US Open 1979 zwei der größten Heißsporne im Tennis aufeinander. Der Rumäne Nastase, auch Mr. Nasty genannt, war wegen seines exzentrischen Verhaltens auf dem Platz wohl einer der Hauptgründe, warum in den 1970er-Jahren der Verhaltenskodex, der „Code of Conduct", im Tennis eingeführt wurde. Der Verhaltenskodex gliedert sich in vier Verwarnungsstufen (Verwarnung, Strafpunkt, Strafspiel, Disqualifikation).

In der Night Session trafen der 20-jährige McEnroe und der 33-jährige Nastase, US-Open-Sieger von 1972, in einem Generationenduell aufeinander. Nastase versuchte alles, um den jungen McEnroe einzuschüchtern. Der Rumäne fluchte, zweifelte Entscheidungen an, verlangsamte das Spiel und beleidigte seinen Gegner. McEnroe reagierte auf seine unnachahmliche Weise. Das Match vor 10.000 Zuschauern wurde mit zunehmender Spielzeit immer mehr zur Farce.

Irgendwann wurde es dem erfahrenen Schiedsrichter Frank Hammond zu bunt. Er sprach bei 2:1 im vierten Satz für McEnroe, der mit 2:1-Sätzen vorne lag, eine dritte Verwarnung gegen Nastase wegen der Hinhaltetaktik aus, was gleichzeitig zum Spielverlust zum 3:1 führte. Die Zuschauer ließen ihren Unmut über diese Entscheidung heraus, indem sie Bierdosen auf den Platz warfen. Nastase weigerte sich, weiterzuspielen und aufzuschlagen.

Mit Mike Blanchard kam ein weiterer Schiedsrichter auf den Platz. Er redete auf die Spieler ein und bat ums Weiterspielen. Als Nastase sich immer noch weigerte, signalisierte Blanchard Stuhlschiedsrichter Hammond, Nastase 30 Sekunden Zeit zum Weiterspielen zu geben. Nachdem nach einer Minute immer noch nichts geschah, erklärte Hammond McEnroe zum Sieger. Die Zuschauer rasteten daraufhin völlig aus, warfen Müll auf den Platz und quittierten die Entscheidung mit Buhrufen. Sie wollten, dass das Match weitergespielt wird. Die Spieler mussten sogar von der Polizei geschützt werden, da einige Zuschauer auf den Platz liefen.

Turnierdirektor Bill Talbert, der eine Ausschreitung befürchtete, kam auf den Platz. Talbert hob nach 18 chaotischen Minuten die Entscheidung auf, brachte Nastase ins Match zurück und ersetzte Hammond im Schiedsrichterstuhl durch Blanchard. Nach vier weiteren Spielen war das

Match schließlich zugunsten von McEnroe beendet, der eine Woche später das Turnier gewann und seinen ersten Grand-Slam-Titel feierte.

Schiedsrichter Hammond, der aus dem Stuhl verbannt wurde, konnte die Entscheidung nicht nachvollziehen. „Ich bin seit 32 Jahren ein Offizieller. Als ich disqualifiziert wurde, anstatt Nastase, habe ich all meinen Glauben und mein Herz verloren", sagte Hammond.

75. Warum endete das WM-Match zwischen Ilie Nastase und Arthur Ashe in einer doppelten Disqualifikation?

Ein Match ohne Sieger im Tennis? Unvorstellbar! Und doch gab es diesen besonderen Fall auf der ganz großen Bühne – jedenfalls für kurze Zeit. Bei der ATP-Weltmeisterschaft 1975 in Stockholm, dem Turnier der acht besten Spieler des Jahres, trafen in der Vorrunde der US-Amerikaner Arthur Ashe, der amtierende Wimbledonsieger, und der Rumäne Ilie Nastase, dreimaliger Sieger bei der ATP-WM, am ersten Gruppenspieltag aufeinander.

Nastase genoss, wie bereits in Kapitel 74 beschrieben wurde, auf dem Platz einen zweifelhaften Ruf aufgrund seiner fragwürdigen Tricks und Spielchen mit seinen Gegnern. Abseits des Platzes galt Nastase als ultimativer Playboy. In seinem Buch *Mr. Nasty* beschrieb der Rumäne, dass er mit 2.500 Frauen geschlafen habe und meinte: „Sex war damals wie eine Dusche. Man nahm eine, es fühlte sich gut an, und danach vergaß man es."

Ashe, der erste dunkelhäutige Grand-Slam-Sieger, war das Gegenstück zu Nastase: bei seinen Kollegen und den Zuschauern äußerst beliebt, ein Menschenfreund, Bürgerrechtler und zum damaligen Zeitpunkt der Präsident der Spielergewerkschaft ATP, die im Jahr 1972 gegründet wurde. Vor dem Duell gegen Ashe soll Nastase gesagt haben: „Ich werde Ashe morgen in den Wahnsinn treiben. Ich werde bei ihm all die alten Tricks und einige meiner neuen Tricks anwenden." Gemeint waren damit nicht die spielerischen Mittel, sondern die psychologische Kriegsführung.

Nastase war zunächst der dominierende Spieler gegen Ashe und brauchte keinerlei Spielchen, um sich in Richtung Sieg zu spielen. Der erste Satz ging mit 6:1 an den Rumänen. Im zweiten Satz brachten Nastase einige enge Entscheidungen beim Stand von 5:5 zugunsten von Ashe aus der Fassung. Er kassierte eine Verwarnung wegen unsportlichen Verhaltens. Ashe holte sich den zweiten Satz mit 7:5 und war nun der spielbestimmende Mann auf dem Platz in Stockholm. Nastase wusste sich schließlich nur mit psychologischen Mitteln zu helfen. Er unterbrach die Aufschlagbewegung von Ashe und erklärte, dass er noch nicht spielbereit sei. Als der Rumäne im dritten Satz bei 1:4, 15:40 servierte, war der Sieg von Ashe nicht mehr weit entfernt. Nastase zögerte das Spiel immer wieder hinaus, diskutierte mit den Zuschauern und brach seine Aufschlagbewegung immer wieder ab. Schließlich wurde Ashe das ganze Gehabe seines Gegners zu viel. „Das ist es. Ich habe genug", erklärte Ashe, packte seinen Schläger ein, nahm sein Handtuch und verließ den Platz, während Nastase etwas höhnisch applaudierte.

Das Besondere dabei: Der 36-jährige deutsche Oberschiedsrichter Horst Klosterkemper redete auf Ashe ein, als dieser den Platz verließ. Klosterkemper war kurz zuvor auf den Platz gekommen, mit der Absicht, Nastase zu disqualifizieren, da der Schiedsrichter nichts unternommen hatte, um den Rumänen weiter zu verwarnen oder zu disqualifizieren. „Als ich auf den Platz kam, hatte ich aber keine Chance mehr, ihn als Ersten zu disqualifizieren, da Ashe bereits den Platz verlassen hatte", erinnerte sich Klosterkemper 45 Jahre nach dem bizarren Vorfall gegenüber der ATP. „Arthur, bitte bleib' auf dem Platz, sonst disqualifizierst du dich selbst", sagte Klosterkemper zu Ashe. „Ich bin fertig, das ist genug", entgegnete Ashe. Klosterkemper wies den Schiedsrichter nun an, Nastase ebenfalls zu disqualifizieren, was dieser auch tat. „Nein, ich bin der Sieger. Er hat den Platz verlassen", sagte Nastase. Klosterkemper verkündete das einmalige Ergebnis in diesem skurrilen Match – eine doppelte Disqualifikation. „Niemand hat das Match gewonnen und niemand hat das Match verloren." Außerdem solle die Partie nicht wiederholt werden.

Ashe sagte nach dem Match: „Ich habe bei den Matches gegen Nastase vorher oft darüber nachgedacht, den Platz zu verlassen, habe es aber nie getan. Ich bin nicht der einzige Spieler, der darüber nachgedacht hat." Im Nachgang des Matches legte Ashe Einspruch gegen seine Disqualifikation ein. „Ich weiß, dass die Regeln gebrochen wurden. So einfach ist das", sagte Ashe, der später als ATP-Präsident dafür mitverantwortlich war, einen Verhaltenskodex für die Spieler zu formulieren. Der sogenannte *Code of Conduct* umfasst mittlerweile 420 Seiten. Ashe schrieb in einem Brief, dass er an der ATP-WM in Stockholm nicht weiter teilnehmen werde, sofern eine tragfähige Entscheidung getroffen werde. Für den US-Amerikaner war eine doppelte Disqualifikation keine gültige Entscheidung. Der ganze Vorfall sei für ihn „eine Farce und ein schlechter Scherz". Schließlich wurde die doppelte Disqualifikation rückgängig gemacht. Nastase bat Ashe mit einem Blumenstrauß um Entschuldigung und sagte: „Ich gebe das Match auf, ich gebe es dir." Somit hieß das offizielle Ergebnis dieses Matches: Sieg für Ashe durch Disqualifikation.

Die Geschichte war damit aber noch nicht auserzählt. Beim besonderen Format der ATP-WM bedeutete eine Niederlage noch nicht das Aus beim Turnier. Und so war Nastase beim dritten und letzten Gruppenspieltag darauf angewiesen, dass Ashe gegen den Spanier Manuel Orantes mindestens einen Satz gewinnt, damit er ins Halbfinale einzieht. Ashe, der bereits für das Halbfinale qualifiziert war, hätte als Rache an Nastase das Match herschenken können, doch das widersprach seinem Sportsgeist. Der US-Amerikaner gewann das Match in zwei Sätzen, sodass auch Nastase als Gruppenzweiter ins Halbfinale einzog. Die Zuschauer erhofften sich nun, dass es im Finale zum neuen Showdown zwischen Ashe und Nastase kommen würde.

Doch während Ashe im Halbfinale gegen Björn Borg in vier Sätzen verlor, spielte Nastase das Tennis seines Lebens. Er besiegte im Halbfinale Guillermo Vilas mit 6:0, 6:3, 6:4, fegte auch im Finale Borg mit 6:2, 6:2, 6:1 vom Platz und gewann seinen vierten und letzten WM-Titel. „Danke, dass sie mich disqualifiziert haben, weil ich mich von diesem Moment an auf mein Tennis konzentriert habe", bedankte sich Nastase immer wieder bei Treffen mit Klosterkemper, der als Funktionär und Turnierorganisator viele Jahre lang eine tragende Rolle im Welttennis innehatte. Nastase war vieles auf und neben dem Platz: Clown, Exzentriker, Lebemann, aber in erster Linie ein herausragender Tennisspieler, der einige skurrile Kapitel im Profitennis schrieb.

76. Warum wurde John McEnroe bei den Australian Open 1990 disqualifiziert?

Bis ein Spieler in einem Tennismatch disqualifiziert wird, muss einiges geschehen. Wenn es denn mal passiert, sorgt eine Disqualifikation meist für weltweite Schlagzeilen, vor allem, wenn der Spieler, der disqualifiziert wurde, einer der prominentesten ist.

Die wohl bekannteste Disqualifikation im Herrentennis ist sicherlich die von John McEnroe bei den Australian Open 1990 in seinem Achtelfinale gegen Mikael Pernfors. McEnroe bewegte sich mit seinem aufbrausenden Temperament stets am Rande einer Disqualifikation, wusste jedoch stets, wo die Grenze liegt, um nicht disqualifiziert zu werden.

Bei den Australian Open 1990 wurde „Big Mac" schließlich das erste und einzige Mal disqualifiziert, als ihm eine Regeländerung zum Verhängnis wurde, die zu Jahresbeginn in Kraft getreten war. Die Schritte für die Disqualifikation wurden mit Beginn des Jahres 1990 von vier auf drei reduziert. Somit konnte ein Spieler nach drei Verwarnungen wegen unsportlichen Verhaltens disqualifiziert werden.

Im Achtelfinale gegen den Schweden Mikael Pernfors gewann McEnroe den ersten Satz mit 6:1, Pernfors holte sich den zweiten Satz mit 6:4. Im dritten Satz nahm das Unheil aus der Sicht von McEnroe seinen Lauf. Der US-Amerikaner war über eine Entscheidung einer Linienrichterin wütend und beschimpfte diese. Stuhlschiedsrichter Gerry Armstrong sprach deswegen eine Verwarnung wegen unsportlichen Verhaltens aus. Obwohl McEnroe den dritten Satz mit 7:5 gewann, brodelte es weiter in ihm.

Im vierten Satz lief das Fass über beim „Enfant terrible" des Herrentennis. Als ein Baby im Publikum zu schreien begann, giftete McEnroe: „Gib ihm einen Drink, um Himmels willen." Schiedsrichter Armstrong bat die peinlich berührte Mutter, das Kind herauszutragen, was diese auch tat. Wenig später stand es im vierten Satz 2:3 und 30:30 bei Aufschlag von McEnroe.

Es folgte der zweite Schritt in Richtung Disqualifikation. Der US-Amerikaner verzog eine Vorhand ins Aus und regte sich mit dem Werfen seines Schlägers darüber auf. Armstrong gab McEnroe, da dessen Schläger nicht mehr zu gebrauchen war, wegen Schlägermissbrauchs eine weitere Verwarnung. Die zweite Verwarnung bedeutete einen Punktabzug, was gleichzeitig dazu führte, dass McEnroe das Spiel zum 2:4 verlor.

McEnroe schmeckte diese Entscheidung ganz und gar nicht und erklärte, dass die Bestrafung ungerechtfertigt sei, da er mit dem Schläger hätte weiterspielen können. Der US-Amerikaner rief nach Oberschiedsrichter Ken Farrar, der kurz darauf mit dem Turnierschiedsrichter Peter Bellenger den Platz betrat. Farrar erklärte McEnroe, dass die Entscheidung mit dem Strafpunkt bestehen bleibe.

Nach einer kurzen Diskussion rief Armstrong zum Weiterspielen auf. Während McEnroe in Richtung Grundlinie ging, ließ er eine Schimpftirade los. „F... deine Mutter", rief der US-Amerikaner in Richtung Farrar. Farrar hörte die Beleidigung, drehte um in Richtung Schiedsrichterstuhl und gab Armstrong die Anweisung, McEnroe zu disqualifizieren. „Code violation, verbal abuse. Default, Mr. McEnroe. Game, set and match, Pernfors", sagte Armstrong in sein Mikrofon und verkündete die Disqualifikation von McEnroe.

Der US-Amerikaner hatte die neue Regel mit den drei Schritten zur Disqualifikation nicht im Kopf und stand nach der Bekanntgabe der Disqualifikation ungläubig und wortlos auf dem Platz. Die Zuschauer des Matches quittierten die Disqualifikation mit Buhrufen und schrien minutenlang: „Wir wollen McEnroe." Der US-Amerikaner war der erste Spieler in der Turniergeschichte der Australian Open und der zweite Spieler in der

Grand-Slam-Geschichte nach William Alvarez bei den French Open 1963, der wegen Fehlverhaltens disqualifiziert wurde.

„Ich habe gedacht, dass die Regeln hier anders sind und dass wir mit den Grand-Slam-Regeln vom letzten Jahr mit der Vier-Stufen-Bestrafung spielen. Ich war überrascht. Ich schaute hinauf und sagte: ‚Oh, oh, sie werden mir ein Strafspiel geben.' Und urplötzlich sagen sie, dass ich disqualifiziert bin", sagte ein erzürnter McEnroe bei der Pressekonferenz.

Der Oberschiedsrichter erklärte, dass die neue Regel „kein Geheimnis war" und diese sowohl im offiziellen Turnierhandbuch als auch in der Nähe der Umkleidekabine nachzulesen war. „Ich wurde persönlich beleidigt und bin im Tennis ganz gewiss noch nie sie so gerufen worden. Es stand außer Frage für mich, dass dies ein ernsthafter verbaler Missbrauch war. Wenn so etwas passiert, sind wir da, um diese Regel durchzusetzen", sagte Farrar zur Disqualifikation. McEnroe zeigte sich auf der Pressekonferenz etwas einsichtig, kritisierte aber die harte Bestrafung.

„Nun kenne ich die Regeln, nachdem ich disqualifiziert wurde. Nachdem ich drei Stunden dort draußen gespielt habe, denke ich, dass es unnötig war, mich wegen vier Wörtern zu disqualifizieren. Ich finde, dass es ein besseres Fingerspitzengefühl geben sollte. Sie haben das Gesetz für mich geschrieben. Das ist eine alte Geschichte, die irgendwann passieren musste. Ich kann nicht sagen, dass ich komplett überrascht bin über das, was ich getan habe. Pernfors schreit und die Leute lachen, weil sie denken, dass Schwedisch lustig ist. Ich kann nur mich selbst dafür verantwortlich machen. Wenn ich die neuen Regeln gekannt hätte, hätte ich wahrscheinlich dennoch meinen Schläger gebrochen. Aber ich hätte wahrscheinlich nicht das gesagt, was ich zu diesem Kerl gesagt habe, wenn ich gewusst hätte, dass ich einen Schritt von der Disqualifikation entfernt bin. Ich ließ mich dazu hinreißen."

McEnroe wurde mit einer Geldstrafe von 6.500 US-Dollar belegt – 5.000 US-Dollar für den Schlägermissbrauch, 500 US-Dollar für die verbale Entgleisung und 1.000 US-Dollar für die Disqualifikation.

77. Welche Rivalität ist die größte im Tennis?

Björn Borg gegen John McEnroe. Pete Sampras gegen Andre Agassi. Boris Becker gegen Stefan Edberg. Jimmy Connors gegen Ivan Lendl. Serena Williams gegen Venus Williams. Steffi Graf gegen Martina Navratilova. Es gab viele große Rivalitäten im Tennis. Wenn es darum geht, die größte Rivalität im Tennis zu benennen, wird meistens das Duell zwischen Roger Federer und Rafael Nadal genannt. Das „Tennisgenie" gegen den „Stier aus Manacor".

Die Matches zwischen Federer und Nadal elektrisierten die Sportwelt. Besonderen Reiz erfährt dieses Duell ähnlich wie bei Borg gegen McEnroe und Sampras gegen Agassi durch die unterschiedlichen Spielstile. Federer, der so gut wie jeden Schlag perfekt beherrscht und mit eleganter Leichtigkeit glänzt, und Nadal, der mit seiner kraftvollen und intensiven Spielweise jeden Ballwechsel spielt, als wäre es ein Matchball, haben das Herrentennis auf eine neue Stufe geführt.

„Natürlich wollen wir beide unbedingt gewinnen, aber unsere Spiele laufen jederzeit in fairem Rahmen ab und das spüren auch die Fans. Es ist sicher auch anders als bei einem Boxkampf oder als früher teilweise im

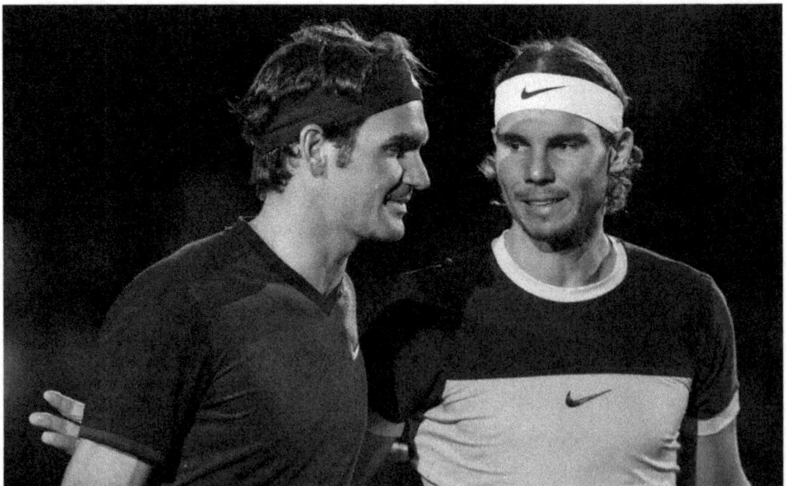

Tennis. Wir zeigen, dass es auch mit guten Manieren geht", beschrieb Federer einst die Rivalität zwischen den beiden.

Neben Federer gegen Nadal sind es generell die Duelle zwischen den „Big Three" im Herrentennis, die für das große Drama und die großen Emotionen sorgen. Also auch die Matches zwischen Novak Djokovic und Rafael Nadal und Djokovic gegen Federer. Kein Duell im Herrentennis gab es dabei häufiger als Djokovic gegen Nadal.

Aber selbst die Rivalität zwischen Federer und Nadal wird durch eine Rivalität bei den Damen in den Schatten gestellt. Chris Evert gegen Martina Navratilova ist die Mutter aller Tennisrivalitäten. Navratilova beschrieb die Rivalität als das „amerikanische Mädchen von nebenan gegen die muskulöse Lesbe". Insgesamt gab es zwischen 1973 und 1988 sage und schreibe 80 Duelle zwischen der gebürtigen Tschechoslowakin und der US-Amerikanerin, 61 Spiele davon waren Endspiele.

Die Bilanz spricht mit 43:37 für Navratilova, die auch die wichtigen Spiele meist für sich entschied. 14-mal trafen sich Navratilova und Evert in einem Grand-Slam-Finale, zehnmal behielt Navratilova die Oberhand. „Das Schöne an unsere Rivalität war nicht nur, dass wir so oft gegeneinander gespielt haben, sondern der Kontrast. Wir waren wie Tag und Nacht. Sie war aggressiv, ich war eine Konterspielerin. Sie war muskulös, ich nicht. Sie kam aus einem kommunistischen Land, ich war eine Amerikanerin aus dem Land der Freiheit. Sie war emotional, ich war cool", sagte Evert zu der gemeinsamen Rivalität.

Auch für Navratilova zählen die vielen Duelle mit Evert zur größten Sportrivalität aller Zeiten. „Ohne Zweifel ist sie das. Es ist die Langlebigkeit. Du hast Qualität und Quantität. Die meiste Zeit waren wir Nummer eins und zwei. Es war einzigartig. Es ist schwer, das zu kopieren."

Ein Match zwischen Evert und Navratilova stach besonders wegen seiner Kuriosität hervor. Es war das 41. Duell zwischen den beiden – 1981 im Finale des Sandplatzturniers in Amelia Island. Evert verpasste ihrer ewigen Rivalin Navratilova in nur 54 Minuten den „Double Bagel", also ein 6:0, 6:0. Es war das erste Mal, dass eine ehemalige Nummer-eins-Spielerin die Höchststrafe erhielt.

78. Welche Geschlechterkämpfe im Tennis gab es?

Kann eine Profispielerin einen Profispieler besiegen? Geschlechterkämpfe im Tennis gab es einige. Das ersten offizielle Duell zwischen einem Mann und einer Frau wurde am 13. Mai 1973 zwischen dem US-Amerikaner Bobby Riggs und der Australierin Margaret Court gespielt. Riggs, Wimbledon-Sieger von 1939, war zu diesem Zeitpunkt 55 Jahre alt. Court, die beste Spielerin im Damentennis, war 30 Jahre alt.

Das Duell in Ramon im US-Bundesstaat Kalifornien wurde aus Damensicht zu einer riesengroßen Enttäuschung. Denn Riggs fertigte die 25 Jahre jüngere Court mit 6:2, 6:1 ab. Das Match ging als „Muttertagsmassaker" in die Tennisgeschichte ein, weil das Duell am Muttertag ausgetragen wurde. Riggs wollte eigentlich lieber gegen seine Landsfrau Billie Jean King spielen, die zunächst ablehnte.

Doch vier Monate später, am 20. September 1973, kam es dann doch zum Duell zwischen Riggs und der 29-jährigen King, die neben Margaret Court zu dieser Zeit die dominierende Spielerin und amtierende Wimbledon-Siegerin war. Das Duell, das als „Battle of Sexes" in die Geschichte einging, war eines der aufsehenerregendsten Tennismatches. Im Astrodome in Houston im US-Bundesstaat Texas kamen 30.492 Zuschauer, um sich das Spektakel anzuschauen – damals eine Rekordkulisse für ein Tennismatch. Nach 2:04 Stunden war das Match beendet. Die 26 Jahre jüngere King siegte mit 6:4, 6:3, 6:3.

„Sie war zu gut. Ich konnte nicht das Beste aus meinem Spiel holen. Es war zu schnell zu Ende", gestand Riggs hinterher, der zuvor mit markigen Worten dafür gesorgt hatte, dass der Schaukampf ein internationales Ereignis wurde. 2017 wurde der Geschlechterkampf mit prominenten Schauspielern verfilmt. Bis heute halten sich hartnäckig Gerüchte, dass Riggs das Duell mit Absicht verlor, um Spielschulden zu begleichen. Da er wenige Monate zuvor gegen Court, die in jenem Jahr drei Grand-Slam-Titel holte, klar gewonnen hatte, erhielten die Spekulationen reichlich Nahrung.

Im Jahr 1992 kam es zum nächsten Geschlechterkampf. Der 40-jährige Jimmy Connors traf im Caesars Palace in Las Vegas auf die 35-jährige Martina Navratilova. Das Match fand unter besonderen Regeln statt. Connors hatte nur einen Aufschlag zu Verfügung, während Navratilova in Ballwechseln auch ins Doppelfeld spielen durfte. Connors siegte mit 7:5, 6:2. In seiner Autobiografie *The Outsider* enthüllte Connors, dass er darauf gewettet hatte, dass Navratilova nicht mehr als acht Spiele gewinnen würde.

Im Jahr 1998 kam es dann zum wohl bizarrsten Duell zwischen Mann und Frau auf dem Tennisplatz. Besser gesagt: zu Duellen. Die damals 17-jährige Serena Williams ließ sich zu der Aussage hinreißen, dass sie Spieler in den Top 200 der Herren-Weltrangliste besiegen würde. Dies nahm Karsten Braasch zum Anlass, die Herausforderung anzunehmen. Während der Australian Open 1998 kam es zum Showdown zwischen Braasch, einem bekennenden Kettenraucher, und den Williams-Schwestern Venus und Serena.

Braasch, zum damaligen Zeitpunkt die Nummer 203 der Welt, spielte zunächst einen Satz gegen Serena und dann einen gegen Venus. „Meine Trainingsvorbereitung beinhaltete eine gemütliche Runde Golf am Morgen, gefolgt von einigen Radlern. Ich tauchte auf dem Platz angemessen entspannt auf", sagte Braasch. Der Deutsche machte sich sogar selbst das Handicap, zu Beginn des Matches nur einen Aufschlag zu haben. „Ich fühlte mich so entspannt, dass ich mich nicht mal richtig aufgewärmt habe. Wir haben angefangen zu spielen und ich raste zu einer 5:0-Führung. Schließlich habe ich mein Match gegen Serena mit 6:1 gewonnen", erinnerte sich Braasch.

„Es war sehr schwer. Ich hätte nicht gedacht, dass es so schwer wird. Ich habe Schläge gemacht, die auf der WTA-Tour Gewinnschläge gewesen wären, aber er hat sie einfach erreicht", sagte Serena über das Duell. Nach der Niederlage von Serena versuchte Venus ihr Glück. „Das Match gegen Venus verlief sehr ähnlich. Es endete mit einem 6:2 für mich", sagte Braasch. Der Deutsche spielte nicht annähernd sein bestes Tennis, wie einige Beobachter berichteten.

„Ich denke nicht, dass sie jemals einen Spieler in den Top 500 besiegen können, weil ich heute wie ein Typ, der auf Platz 600 notiert ist, gespielt habe", erzählte Braasch hinterher.

Im Jahr 2000 bot Donald Trump eine Million US-Dollar für ein Duell zwischen John McEnroe und Serena oder Venus Williams. Der Vater der Williams-Schwestern lehnte dankend ab. „Richard Williams ist ein weiser Mann", sagte McEnroe daraufhin. Trump erneuerte mehrere Jahre später sein Eine-Million-Dollar-Angebot für den Sieger des Duells zwischen McEnroe und Serena Williams. Diesmal lehnte McEnroe ab. „Ich war nie der Typ, der einmal gegen eine Frau spielen wollte", sagte er.

Drei weitere Geschlechterkämpfe im Tennis gab es noch. Im Jahr 2002 besiegte die Schweizerin Patty Schnyder den österreichischen Ex-Profi Patrik Mayr mit 7:6, 7:5. „Ich bin es doch nicht gewöhnt, dass auf der anderen Seite ein so hübsches Mädchen in einem so kurzen Rock steht", gestand Mayr nach der Niederlage seine Nervosität ein. Ein Jahr später unterlag Schnyder dem Österreicher Daniel Köllerer mit 2:6, 4:6.

Im Jahr 2009 spielten die Österreicher Sybille Bammer und Thomas Muster das bislang letzte offizielle Geschlechterduell. Der 42-jährige Muster siegte gegen die 13 Jahre jüngere Bammer klar mit 6:3, 6:2. „Wenn ich einen Schläger in die Hand nehme, ist mir egal, wer auf der anderen Seite des Platzes steht. Dann gibt es für mich nur eines: Ich will gewinnen", kommentierte Muster.

Beinahe hätte es noch einen weiteren Geschlechterkampf gegeben. Andy Murray dachte im Jahr 2013 laut darüber nach, Serena Williams zu einem Duell in Las Vegas herauszufordern. „Er will gegen mich spielen? Ist er sicher? Ich glaube nicht, dass ich einen Punkt machen würde, aber das wäre ein Spaß", sagte Williams weitaus defensiver als damals vor der legendären Niederlage gegen Karsten Braasch.

79. Was war die Schlacht von Hartford?

Davis Cup: Das bedeutet die totale Hingabe für sein Land und seine Teamkameraden. Der älteste, jährlich ausgetragene Mannschaftswettbewerb im Sport hat zahlreiche Heldengeschichten geschrieben. Deutschland gewann den Davis Cup bislang dreimal: 1988, 1989 und 1993.

Eine der denkwürdigsten Partien der Davis-Cup-Geschichte spielte das deutsche Team allerdings nicht in einem Finale, sondern in der Relegation – in einer Partie gegen den Abstieg. Vom 24. bis 26. Juli 1987 standen sich Deutschland und die USA in Hartford im US-Bundesstaat Connecticut in einem Kampf um das nackte Überleben gegenüber. Beide Nationen hatten jeweils ihre Erstrundenpartie überraschend verloren, sodass beide in die Relegation mussten. Der Verlierer dieses Duells würde aus der Weltgruppe im Davis Cup absteigen.

Die USA, der Rekordsieger des Wettbewerbs, waren noch nie aus der Weltgruppe im Davis Cup abgestiegen. Für die Partie gegen Deutschland wurde extra John McEnroe für den Davis Cup reaktiviert, der knapp drei Jahre nicht mehr für sein Land gespielt hatte, weil er sich weigerte, einen Verhaltenskodex zu unterzeichnen. „Ich glaube, das Schlimmste, was uns passieren kann, ist ein knapper 3:2-Sieg", gab sich McEnroe vorher absolut siegessicher.

Die Ereignisse vom 24. bis 26. Juli 1987, vor allem das Einzel zwischen Boris Becker und John McEnroe, sollten als „Schlacht von Hartford" in die Sportgeschichte eingehen. 16.000 Zuschauer peitschten das US-amerikanische Team im Hartford Civic Center nach vorne. Im Auftakteinzel siegte Eric Jelen, Nummer 68 der Welt, als klarer Außenseiter gegen den um 54 Plätze besser platzierten Tim Mayotte in fünf Sätzen. Deutschland führte mit 1:0, und der Druck lastete nun auf McEnroe. Bei einer Niederlage im Einzel gegen Becker hätte es ziemlich düster ausgesehen für die USA, in der Weltgruppe zu bleiben.

Becker blieb im Hexenkessel von Hartford ruhig, ließ sich von den Psychospielchen von McEnroe nicht einschüchtern und rang den US-Amerikaner nach epischen 6:21 Stunden Spielzeit nieder – 4:6, 15:13, 8:10,

6:2, 6:2 hieß es für den Deutschen. Die 6:21 Stunden waren dabei nur um eine Minute kürzer als das bis dahin längste Tennismatch, ebenfalls im Davis Cup und ebenfalls mit McEnroe als Teilnehmer. Um 23:17 Uhr amerikanischer Zeit – in Deutschland ging gerade die Sonne auf – war dieses legendäre Match beendet.

Schaut man auf das Ergebnis der Sätze vier und fünf, kann man sich vorstellen, dass dieses Match noch weitaus länger hätte gehen können. Die ersten drei Sätze dauerten dabei knapp fünf Stunden. Zu diesem Zeitpunkt, im Jahr 1987, gab es noch keinen Tiebreak im Davis Cup, sodass solche langen und epischen Matches überhaupt möglich waren. Der Tiebreak im Davis Cup wurde erst im Jahr 1989 eingeführt.

„Ich hatte nicht mehr viel übrig. Ich habe alles gegeben, was ich konnte. Es war schön, Teil eines großen Matches gewesen zu sein. Ich wünschte nur, das Ergebnis wäre anders" zeigte sich McEnroe enttäuscht. Für Becker war es „das größte Match, das er je gespielt hat". Freundliche Worte für McEnroe fand er aber nicht. „Ich bewundere ihn als Tennisspieler, aber er tut mir als Mensch leid. Er wird genau wissen, warum." Becker gab später zu bedenken, dass es „ein Krieg war".

Eine Schlacht war für Deutschland durch die 2:0-Führung gewonnen, aber noch nicht das große Ziel Klassenerhalt erreicht. Das Doppel, auf das Becker verzichtete, sowie das dritte Einzel zwischen Jelen und McEnroe gingen aus deutscher Sicht verloren. Beim Stand von 2:2 musste das letzte Einzel zwischen Becker und Mayotte die Entscheidung bringen. Und auch hier entwickelte sich ein großes Drama.

Becker gewann die ersten beiden Sätze deutlich, gab dann aber die Sätze drei und vier ab. Im fünften Satz war es wieder ein Spiel der Nerven. Nachdem Becker einen Ball über seine Schulter warf, landete dieser im Schoß vom wütenden McEnroe, der den Deutschen daraufhin abwerfen wollte. Beim Stand von 2:2 im fünften Satz kam es zur Schlüsselszene im Match. Becker hatte zwei Breakbälle gegen sich und konnte diese abwehren. „Ich habe zu mir gesagt, dass ich ihn nur brechen kann, wenn ich es durch mein Aufschlagspiel schaffe. Ich brauchte diese Jetzt-oder-nie-Situation", sagte er später.

Danach war der Widerstand von Mayotte gebrochen und Becker gewann den entscheidenden fünften Satz mit 6:2 und führte Deutschland im „schwierigsten Match seines Lebens" zum umjubelten 3:2-Sieg gegen die USA. Becker schnappte sich eine Deutschlandfahne und drehte ein paar Ehrenrunden im „feindlichen Hartford". Seine Teamkameraden und Landsleuten jubelten ihm mit „Deutschland, Deutschland" und „Boris, Boris-Rufen" zu, der Rest der Halle war still.

Wie wichtig der heroische Sieg in Hartford für das deutsche Davis-Cup-Team war, zeigte sich in den nächsten beiden Jahren. Deutschland gewann 1988 zum allerersten Mal den Davis Cup und verteidigte 1989 erfolgreich den Titel. Ohne den Sieg in der „Schlacht von Hartford" wäre dies nicht möglich gewesen.

80. Was war die dunkelste Stunde im Tennissport?

Es war ein warmer, sonniger Frühlingsabend am 30. April 1993, als sich die Tenniswelt für immer verändern sollte. Beim Damenturnier am Hamburger Rothenbaum standen an jenem Freitag die Viertelfinalbegegnungen auf dem Plan. Auf dem Centre Court spulte Monica Seles ihr gewohntes Programm ab. Harte Grundschläge und lautes Stöhnen waren das Markenzeichen der gebürtigen Jugoslawin, die bis zu diesem Zeitpunkt seit 19 Monaten ununterbrochen auf Platz eins in der Weltrangliste stand und schon acht Grand-Slam-Siege erreichen konnte. Seles war auf dem Weg, eine neue Ära im Damentennis zu prägen, eilte von Sieg zu Sieg und auch der Gewinn des Grand Slams (Sieg bei allen vier Grand-Slam-Turnieren in einem Jahr) war sehr realistisch.

In ihrem Viertelfinale gegen die Bulgarin Magdalena Maleeva lag Seles mit 6:4, 4:3 in Führung und eilte mit großen Schritten zum Traumfinale gegen ihre Dauerrivalin Steffi Graf. Als Seles sich auf ihren Stuhl zur Seitenwechselpause setzte, nahm das Unheil seinen Lauf. Sie trank einen Schluck Wasser, wischte sich den Schweiß von der Stirn, bis plötzlich ein lauter Schrei von ihr durch das Stadion ging. Ein 22 Zentimeter langes Küchenmesser wurde Seles in den Rücken gestochen und weder Zuschauer vor Ort noch vor dem Fernseher konnten begreifen, was gerade passierte.

Seles lief, bevor der Attentäter ein zweites Mal zustechen konnte, in Richtung Netz, um kurze Zeit später zusammenzubrechen. „Reflexartig drehte ich meinen Kopf zu der schmerzvollen Stelle und sah einen Mann mit einem bösartigen, höhnischen Grinsen im Gesicht. In seiner Hand: ein langes Messer. Er hat mir damit Millimeter neben die Wirbelsäule gestochen. Ärzte sagten mir später, hätte ich mich in diesem Moment nicht nach vorne gebeugt, hätte ich gelähmt sein können", berichtete Seles später in ihrer schonungslos offenen Biografie *Getting a Grip*.

Der Mann mit dem bösartigen Grinsen war Günter Parche, der, bevor er noch einen größeren Schaden anrichten konnte, von zwei Zuschauern überwältigt wurde. Der arbeitslose Dreher aus Thüringen hatte ein Attentat lange geplant. Denn Parche konnte es nicht ertragen, dass Seles seiner Steffi Graf, die er abgöttisch verehrte, den Rang abgelaufen und von der Weltranglistenspitze verdrängt hatte. Sein Ziel war es, Seles so zu verletzen, dass sie nicht mehr Tennis spielen konnte und Graf wieder die Nummer eins im Damentennis wurde.

Auf die Frage, ob es wehtat, als ihr das Messer in den Rücken gestochen wurde, gab Seles an: „Es hat sehr wehgetan. Es war ein grausamer Schmerz. Es war so ein schlimmer Schmerz, als ich ihn mir je hätte vorstellen können." Mit seinem Messerattentat erreichte Parche sein Ziel und kam nahezu ungeschoren davon. Zwei Jahre auf Bewährung aufgrund seiner abnormalen Persönlichkeit lautete die Strafe, die für das Opfer Seles unverständlich war.

„Was für eine Botschaft sendet das in die Welt? Herr Parche hat zugegeben, dass er mich verfolgt hat, er hat mich einmal niedergestochen. Und nun hat das Gericht gesagt, dass er nicht ins Gefängnis muss für sein geplantes Verbrechen. Er kehrt zurück in sein Leben, aber ich kann es nicht, weil ich mich immer noch von dem Attentat erhole, das mich hätte umbringen können. Ich kann nicht verstehen, warum dieser Mensch nicht für seine Tat büßen musste", meinte Seles, die später die Staatsbürgerschaft der USA annahm. Die körperlichen Wunden nach dem Messerattentat verheilten schnell.

Laut Aussage der Ärzte hätte Seles schon nach gut drei Monaten wieder auf dem Platz stehen können. Doch die seelischen Narben waren einfach zu groß, die eine schnelle Rückkehr in den Tenniszirkus unmöglich machten. „Ich bin niedergestochen worden auf dem Tennisplatz vor zehntausend Leuten. Es ist nicht möglich, distanziert darüber zu sprechen. Es veränderte meine Karriere unwiderruflich und beschädigte meine Seele. Ein Sekundenbruchteil machte aus mir einen anderen Menschen" gab Seles in ihrer Biografie offen zu.

Seles hatte mit Angstzuständen, Depressionen und Alpträumen zu kämpfen und begab sich in eine psychologische Therapie, ehe sie im August 1995, 28 Monate nach dem Attentat, auf die WTA-Tour zurückkehrte. Das Comeback von Seles verlief zwar erfolgreich, doch in die Form der früheren Jahre kam die Linkshänderin nie wieder. In Deutschland war Seles seit dem Messerattentat nie wieder. Mit dem Urteil gegen Günter Parche konnte sie sich nicht abfinden und kehrte Deutschland den Rücken zu. Obwohl sie gerne wieder in Deutschland spielen wollte, hielt sie an ihren Prinzipien fest.

„Dies ist nun einmal das Land, das den Mann, der mich angegriffen hat, nicht ausreichend bestrafte", begründete sie ihre Entscheidung. Auch über die Tatsache, dass das Turnier nach dem Messerattentat fortgesetzt wurde, beklagte sie sich. „Das Turnier ging weiter, als wäre nichts passiert. Es ging nur ums Geld!"

Steffi Graf schaute zwei Tage nach dem Messerattentat im Hamburger Krankenhaus bei ihr vorbei. Doch viel zu reden gab es zwischen den beiden nicht. „Es ist nicht einfach, damit zu leben, zu wissen, dass ich die

Nummer eins bin, weil sie niedergestochen wurde", kommentierte Graf die damalige Situation.

Seit dem schwarzen Freitag am 30. April 1993 in Hamburg hatte sich die Tenniswelt verändert. Bei den meisten Turnieren steht jetzt Sicherheitspersonal vor den Spielerbänken, damit solch eine Tat nie wieder passiert. Für Seles kam diese Maßnahme zu spät. Es bleibt die Frage, wie die Karriere von Monica Seles verlaufen wäre, wenn das Messerattentat am Hamburger Rothenbaum nicht geschehen wäre. Möglicherweise wäre sie die erfolgreichste Tennisspielerin aller Zeiten geworden.

Doch Seles will sich nicht mit diesen Fragen beschäftigen. „Ich wäre längst verrückt geworden, wenn ich mich das ständig gefragt hätte. Die Was-wäre-wenn-Fragen sind natürlich da. Aber ich denke, die Schwierigkeiten haben mich zu dem gemacht, was ich heute bin. Ich bin jetzt ein viel glücklicher Mensch, als ich es vorher war."

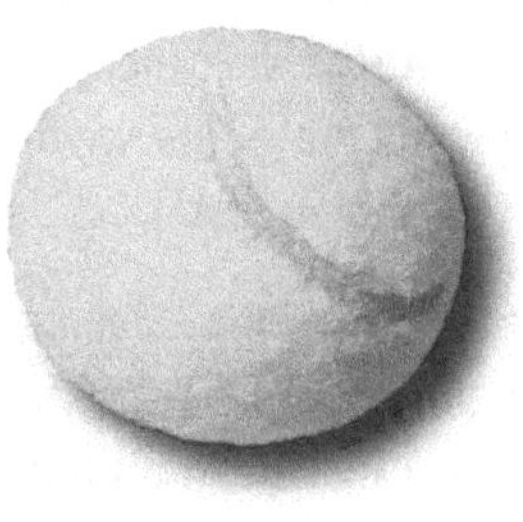

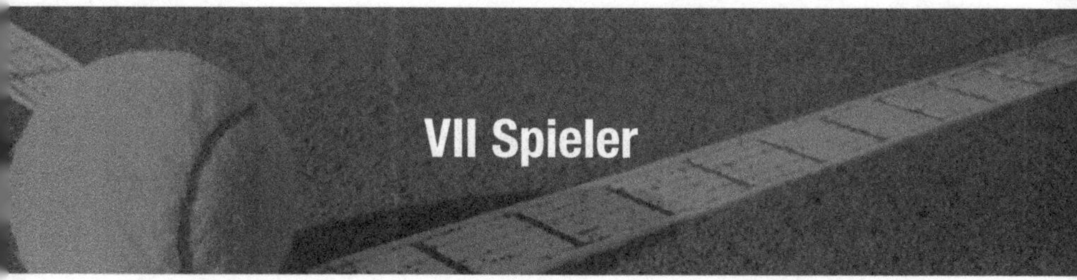

VII Spieler

81. War der erste Wimbledon-Sieg von Boris Becker Schicksal?

Der 7. Juli 1985 war ein Tag, an dem deutsche und internationale Sportgeschichte geschrieben wurde. Vor allem die deutschen Fernsehzuschauer werden diesen Tag für immer in ihrem Gedächtnis behalten. Beim berühmtesten Tennisturnier der Welt in Wimbledon stand mit Boris Becker ein 17-jähriger Bursche aus Leimen im Endspiel. Mit 17 Jahren und 227 Tagen wurde Becker nicht nur der erste deutsche Wimbledon-Sieger, sondern auch der jüngste Wimbledon-Sieger aller Zeiten, der erste ungesetzte Sieger auf dem „heiligen Rasen" und der jüngste Grand-Slam-Champion zu diesem Zeitpunkt.

„Ich bin der erste Deutsche, der Wimbledon gewinnt. Ich denke, dass wird das Tennis in Deutschland verändern. Sie hatten nie ein Idol. Jetzt haben sie vielleicht eines", sagte Becker und sollte damit recht behalten. Tennis in Deutschland wurde aus dem Dornröschenschlaf erweckt und boomte auch wegen der kommenden Erfolge von Steffi Graf.

Boris Becker übte eine besondere Faszination auf die Deutschen aus. Der Wimbledon-Sieg 1985 war seine „ganz persönliche Mondlandung", wie Becker Jahre später in einem Werbesport schilderte. „Die Leute sahen mich an, als wäre ich nicht von dieser Welt", befand Becker nach seinem geschichtsträchtigen und spektakulären ersten Wimbledon-Titel.

Im Tennis liegen Glück und Unglück dicht beieinander. Es kommt häufig auf Kleinigkeiten an. Dass ein Grand-Slam-Sieger mit einem oder anderthalb Beinen kurz vor dem Aus stand und später dann das Turnier für sich entschied, ist keine Seltenheit im Tennis. So auch beim Wimbledon-Sieg 1985 von Boris Becker. „Es war nicht nur so, dass er gut spielte. Alles lief perfekt für ihn. Ich saß in der Kabine neben ihm und fühlte: Der gewinnt hier das Turnier. Das ist Schicksal", sagte der US-Amerikaner Matt Anger, Beckers Zweitrundengegner in Wimbledon, in einer Dokumentation im *NDR*.

Und tatsächlich: Es wirkte so, dass das Schicksal es gut meinte mit Becker bei diesem Wimbledon-Turnier 1985. In der dritten Runde gegen den Schweden Joakim Nyström servierte sein Gegner im fünften Satz zweimal zum Matchgewinn. Bei den damals ultraschnellen Plätzen in Wimbledon war dies fast schon die halbe Miete. Doch Becker befreite sich zweimal aus dieser Situation und gewann schließlich das Match.

Eine Runde später, im Achtelfinale gegen den US-Amerikaner Tim Mayotte, stand Becker erneut kurz vor dem Aus. Der 17-Jährige lag mit 1:2 in den Sätzen zurück und knickte im vierten Satz auf dem Rasen mit dem Knöchel um. Erinnerungen wurden wach an das Vorjahr, als Becker bei seiner Wimbledon-Premiere in der dritten Runde ebenfalls umknickte, sich einen Bänderriss zuzog und schließlich aufgeben musste. Becker signalisierte dem Schiedsrichter bereits, dass er beabsichtigte aufzugeben, um sich im Bruchteil einer Sekunde doch erst einmal für eine dreiminütige Verletzungspause zu entscheiden.

„Er humpelte in Richtung Netz und zeigte uns, dass Schluss ist und er Tim Mayotte die Hand reichen würde. Das Glück wollte, dass Tim Mayotte an der Plane ganz hinten stand und wartete, dass Boris aufgibt. Das war eine große Entfernung bis zum Netz. In dieser Zeit gab es die Gelegenheit, Boris zuzurufen, dass er weiterspielen kann. Es ist nicht so schlimm", schilderte Beckers damaliger Trainer Günther Bosch in einer *NDR*-Dokumentation.

„Das war so blöd. Ich habe gar nicht gesehen, dass er aufgeben wollte. Mein Manager und Schwager erzählte mir später, dass Günther Bosch

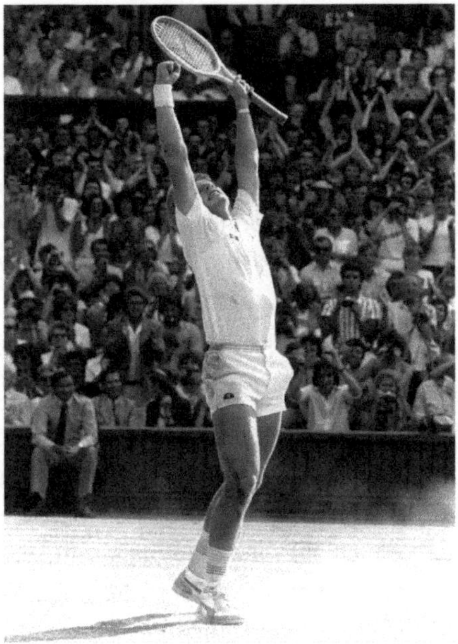

oder Ion Tiriac, der Manager von Boris, geschrien hat: ‚Nein, höre nicht auf'", erinnerte sich Mayotte an diese Situation zurück. Becker spielte tatsächlich weiter und gewann das Match in fünf Sätzen. Wer weiß? Wäre Mayotte damals nicht so weit entfernt vom Netz gewesen, als Becker kurz vor der Aufgabe stand, hätte die Tennisgeschichte vielleicht ganz anders ausgesehen.

Und auch im Halbfinale gegen den Schweden Anders Järryd lief nicht alles rund bei Becker, der zwei Satzbälle zu einem 0:2-Satzrückstand gegen sich hatte. Auch hier befreite sich der Teenager. Im dritten Satz wurde das Halbfinale wegen Regens unterbrochen und konnte erst einen Tag später zu Ende gespielt werden. „Er ging auf den Platz wie neugeboren mit einem neuen Gefühl", erinnerte sich Bosch. Becker spielte in der Fortsetzung wie aus einem Guss und erreichte das Finale.

Im Endspiel gegen Kevin Curren vollendete Becker sein Wimbledon-Märchen. Ein neuer Sportheld war geboren. „Wimbledon ist wie mein zweiter Geburtsort. Ich erinnere mich noch sehr genau an den Matchball beim Finale 1985. Ich erinnere mich, dass ich gedacht habe, dass sich etwas verändert hat. Ich wusste nicht, was es war, aber ich hatte das klare Gefühl, dass sich irgendwas dramatisch verändert hat. Ich wurde der öffentliche Boris Becker", resümierte Becker nach seinem Karriereende. Der Wimbledon-Sieg 1985 schien Schicksal gewesen zu sein.

82. Warum erlangte Stefan Edberg traurige Berühmtheit?

Stefan Edberg ist einer der populärsten Spieler, die es im Tennis jemals gegeben hat. Der Schwede galt als Gentleman des Tennissports: immer ruhig, immer besonnen, immer fair. Sein vorbildliches Verhalten auf dem Platz brachte ihm insgesamt fünfmal die Auszeichnung „ATP Sportsmanship Award" als fairster Spieler auf der ATP-Tour ein. Als Erinnerung an seine Erfolge und seinen Charakter wurde diese Auszeichnung 1996 in den „Stefan Edberg Sportsmanship Award" umbenannt.

Kritiker bemängelten die fehlende Emotionalität von Edberg auf dem Platz. „Wenn sie mich mit Andre Agassi und Boris Becker vergleichen, das sind beide große Stars. Sie wollen große Stars sein und verhalten sich dann auch so, wie große Stars sein sollen. Ich bin lieber unbekannt. Oft wünsche ich mir, dass ich im Spiel ein bisschen mehr lächeln könnte, aber ich muss mich halt furchtbar konzentrieren, wenn ich da draußen stehe", erklärte Edberg, der neben John McEnroe als einziger Spieler sowohl im Einzel als auch im Doppel die Nummer eins der Weltrangliste war.

Bevor die Karriere von Edberg so richtig losging, musste er schon als Junior einen Schicksalsschlag verkraften. Am 10. September 1983 spielte Edberg im US-Open-Finale der Junioren gegen den Australier Simon Youl. Ein Aufschlag des Schweden traf den 61-jährigen Linienrichter Richard Wertheim, früher selbst Spieler, dermaßen unglücklich im Unterleib, sodass dieser von seinem Stuhl kippte, auf den Hartplatzboden knallte und sich dabei einen Schädelbruch zuzog. Auf dem Weg ins Krankenhaus erlitt Wertheim einen Herzinfarkt und verstarb fünf Tage später an den Folgen des Unfalls.

Edberg, der nach dem Unfall mit dem Handtuch über seinem Gesicht wie ein Häufchen Elend auf seinem Stuhl saß, gewann schließlich das Juniorenfinale bei den US Open und wurde in jenem Jahr der erste und bislang einzige Spieler, der bei allen vier Grand-Slam-Juniorenturnieren innerhalb eines Jahres siegte. Mit den Folgen des tödlichen Unfalls musste Edberg leben. Er dachte sogar kurz darüber nach, mit Tennis aufzuhören. Doch der Schwede spielte weiter und legte eine Weltkarriere hin mit sechs Grand-Slam-Titeln im Einzel sowie dem Erreichen der Nummer eins der Welt.

Edberg war es gelungen, mit diesem tragischen Erlebnis umzugehen. „Ich musste mir immer wieder sagen, dass dieses Unglück jedem anderen auch hätte passieren können", sagte er. Dass Edberg auf dem Platz so wenig lächelte, hatte wahrscheinlich auch mit dem tödlichen Unfall bei den US Open 1983 zu tun.

83. Welche Deutschen sind in der Tennis Hall of Fame?

Newport im US-Bundesstaat Rhode Island: ein kleines, verschlafenes Städtchen an der Atlantikküste mit knapp 30.000 Einwohnern und ein beliebtes Ausflugsziel in den USA. Wer einmal in Newport vorbeischaut, sollte nicht nur den sogenannten *Ten Mile Drive*, die Millionärsmeile, abfahren, an dem einige der prächtigsten Villen der Ostküste der USA liegen, sondern sich auch Zeit nehmen für einen Besuch in der International Tennis Hall of Fame. Denn in Newport befindet sich mit der Ruhmeshalle der Tennisstars ein Tennismuseum der besonderen Art.

Newport ist gleichzeitig auch die Wiege des US-amerikanischen Tennissports. Hier war die Geburtsstunde der US Open, die von 1881 bis 1914 auf Rasenplätzen ausgetragen wurden. Auch heute wird noch Weltklassetennis in der kleinen Hafenstadt geboten. Seit 1976 schlagen hier die Herren zum einzigen Rasenturnier nach Wimbledon auf.

Im Jahr 1954 kam James van Alen, der später auch die Tenniswelt mit der Erfindung des Tiebreaks revolutionieren sollte, auf die Idee, eine Hall of Fame des Tennis zu errichten. Es sollte laut eigener Aussage „ein Schrein mit den Idealen des Spiels" sein. Ein Jahr später wurden die ersten Mitglieder in die Ruhmeshalle aufgenommen.

Bis zum Jahr 1974 war es ausschließlich US-amerikanischen Spielern vorbehalten, in die Hall of Fame aufgenommen zu werden. Der Brite Fred Perry wurde ein Jahr später der erste Nicht-Amerikaner, dem diese Ehre zuteilwurde. Die Tennis Hall of Fame hat derzeit ca. 260 Mitglieder, darunter sechs Deutsche.

Als erster Deutscher wurde Gottfried von Cramm im Jahr 1977 aufgenommen. Der „Tennis-Baron" war als zweifacher French-Open-Sieger (1934, 1936) und dreimaliger Wimbledon-Finalist (1935 bis 1937) der größte deutsche Tennisspieler der Vorkriegszeit. Ihm folgten mit Boris Becker, im Jahr 2003, und Steffi Graf, ein Jahr später, die herausragenden Persönlichkeiten des deutschen Tennissports.

„Tennis war immer mein Hobby und meine Leidenschaft. Es einen Job zu nennen in meinem späteren Leben, hätte ich mir als kleiner Junge nie vorstellen können", sagte Becker in seiner Aufnahmerede.

Im Jahr 2006 wurde der dreimalige Profi-Weltmeister Hans Nüsslein in die Hall of Fame aufgenommen. Es folgten die dreimalige French-Open-Siegerin Hilde Krahwinkel-Sperling im Jahr 2013 sowie Wimbledon-Sieger Michael Stich im Jahr 2018 als bislang letzter Deutscher.

„Der wahre Grund, warum ich Tennis spielte, war, dass ich das Spiel liebte. Es sind diese speziellen Momente und Anlässe, an die ich mich mehr erinnere, als an die Ergebnisse, die ich erzielt habe", sagte Stich in seiner Aufnahmerede.

84. Warum waren die US Open so besonders für Jimmy Connors?

Mit 109 ATP-Titeln hält Jimmy Connors den Rekord für die meisten Titel. Der US-Amerikaner war der Dauerbrenner auf der Tour, der im Alter von 44 Jahren sein letztes Profimatch spielte. Bei Connors verhielt es sich ähnlich wie bei seinem Landsmann John McEnroe. Der US-Amerikaner wurde zu Anfang seiner Karriere gehasst und entwickelte sich später zu einem großen Publikumsliebling. Er beleidigte Gegner und Schiedsrichter und versuchte, mit unfairen Methoden das Spielgeschehen für sich zu beeinflussen.

„Die Leute verstehen nicht, dass es ein verdammter Krieg dort draußen ist. Vielleicht sind meine Methoden nicht sozial, aber das muss ich tun, um zu überleben. Ich gehe nicht raus, um meinen Feind zu lieben. Ich gehe raus, um ihn zu zerquetschen", gab Connors offen zu.

Das Lieblingsturnier von „Jimbo" waren die US Open, bei denen er 22-mal antrat. Die Atmosphäre in New York passte zur Persönlichkeit von Connors: unberechenbar, schrill, laut und hitzig. Fünfmal gewann Connors sein Heim-Grand-Slam-Turnier. Dabei schaffte er ein einzigartiges Novum. Er gewann die US Open auf drei verschiedenen Bodenbelägen: Sand, Rasen und Hartplatz. 1974, als die US Open das letzte Mal auf Rasen gespielt wurden, holte sich Connors seinen ersten Titel. In den folgenden vier Jahren wurde das Turnier auf Sand ausgetragen. 1976 gewann Connors auf der roten Asche. Es folgten noch drei weitere US-Open-Titel auf Hartplatz.

Doch viel erinnerungswürdiger als seine fünf Triumphe bei den US Open ist sein sensationeller Turnierauftritt im Jahr 1991. Nachdem er in der Saison 1990 kein Spiel gewonnen hatte, gelang ihm 1991 ein beeindruckendes Comeback. Im Alter von 39 Jahren spielte er sich bis ins Halbfinale der US Open und verblüffte die Tenniswelt. Als Connors im Achtelfinale an seinem 39. Geburtstag in einem denkwürdigen Marathonmatch gegen Landsmann Aaron Krickstein gewann, stimmten 20.000 Zuschauer „Happy Birthday" für das Geburtstagskind an.

„Dieses Turnier hat mir die elf erinnerungswürdigsten Tage meiner Karriere gegeben. Besser als meine Titel", kommentierte Connors später sein Abschneiden bei den denkwürdigen US Open 1991.

85. Warum gewann Boris Becker nie ein Sandplatzturnier?

Sechs Grand-Slam-Titel, Nummer eins der Welt, Triumphe mit Deutschland im Davis Cup, insgesamt 49 ATP-Titel: Die Erfolgsliste von Boris Becker ist lang. Doch in der langen und illustren Karriere des Deutschen gibt es einen großen Makel. Becker konnte in seinen 15 Jahren als Profi kein Sandplatzturnier auf der ATP-Tour gewinnen. Seine Beziehung zur roten Asche war trotz einiger guter Ergebnisse nie von großer Liebe geprägt. Becker spielte insgesamt 61 Turniere auf der ATP-Tour auf Sand. Und jedes dieser 61 Turniere endete mit einer Niederlage.

Dabei war der Deutsche gar kein so schlechter Sandplatzspieler, wie es die meisten vielleicht in Erinnerung haben. 120 Siege auf der roten Asche stehen in der Vita des Deutschen. Das sind einige mehr als bei Pete Sampras (90 Siege) und Michael Chang (107 Siege), dem French-Open-Sieger von 1989. Bei den French Open, die auf Sand gespielt werden, erreichte Becker immerhin dreimal das Halbfinale und einmal das Viertelfinale und schlug unter anderen Jimmy Connors, Thomas Muster und Michael Chang, die sich in die Siegerliste der French Open eintrugen.

Aber nicht nur im Stade Roland Garros in Paris klappte es nicht mit dem Titel, sondern auch bei allen anderen Sandplatzturnieren, an denen Becker teilnahm. Sechsmal stand er im Endspiel bei einem Sandplatzturnier, sechsmal ging er als Verlierer vom Platz.

Seine größten Chancen auf einen Titel hatte Becker in seiner damaligen Wahlheimat in Monte Carlo. Im Fürstentum Monaco spielte er drei Finals. Im Jahr 1995, in seinem dritten Endspiel in Monte Carlo, sollte der Sandplatzfluch von Becker endlich ein Ende finden. Im Finale gegen Thomas Muster hatte Becker sogar im Tiebreak des vierten Satzes zwei Matchbälle am Stück. Beim ersten Matchball servierte er ausgerechnet einen Doppelfehler und verlor schließlich noch das Match. „Sand war schwierig für mich. Irgendwie passte er nicht zu meiner Persönlichkeit", sagte Becker über seine Misere auf der roten Asche.

In seiner Biografie *Augenblick, verweile doch* schrieb Becker über seinen Sandplatzfluch: „Gegen Thomas Muster führte ich 1995 im Finale und hatte im vierten Satz zwei Matchbälle in Folge. Ich verlor, und nur der Himmel weiß, warum ich in meiner Profikarriere nie ein Sandplatzturnier gewonnen habe. Ich empfand wegen dieser Niederlage körperliche Schmerzen, war verzweifelt. Wahrscheinlich war dies die bitterste Niederlage meiner Karriere überhaupt. Ich hatte versagt vor mir selbst, vor meinen Freunden in Monte Carlo. Vielleicht war es die Botschaft von oben, dass es für mich Grenzen gibt. Mit einem Sieg hätte ich womöglich meine Demut, meine Bodenständigkeit völlig verloren."

Trotz der vielen Pleiten im Einzel auf Sand durfte sich Becker über einen ganz großen Triumph auf der roten Asche freuen. An der Seite seines Dauerrivalen Michael Stich gewann er bei den Olympischen Spielen 1992 in Barcelona die Goldmedaille, was den fehlenden Einzeltitel wohl mehr als aufwiegt. Auch im Team war Becker auf Sand erfolgreich. Mit Deutschland gewann er in Düsseldorf in den Jahren 1989 und 1998 den World Team Cup, die inoffizielle Mannschaftsweltmeisterschaft, wo er in den beiden siegreichen Jahren alle vier Einzel (1989) und alle vier Doppel (1998) erfolgreich gestaltete.

86. Warum wurde Alexander Radulescu mit der Fair-Play-Plakette ausgezeichnet?

Alexander Radulescu ist vermutlich nur Hardcore-Tennisfans ein Begriff. 1996 spielte sich der gebürtige Rumäne Radulescu, der mit 14 Jahren nach Deutschland kam und als 18-Jähriger die deutsche Staatsbürgerschaft annahm, beim Wimbledon-Turnier in den Fokus der Öffentlichkeit. Der 21-jährige Radulescu vom Düsseldorfer Rochusclub stand in Wimbledon zum ersten Mal im Hauptfeld eines Grand-Slam-Turniers und rutschte nur aufgrund einer Absage direkt ins Hauptfeld. Es folgte das Turnier seines Lebens.

Der Deutsche nutzte die Gunst einer guten Auslosung und das Scheitern einiger gesetzter Spieler und spielte sich mit drei Fünfsatzsiegen ins

Achtelfinale vor. In der ersten Runde stand Radulescu dabei gegen den Franzosen Arnaud Boetsch bei 1:4-Rückstand sowie 0:40 im fünften Satz kurz vorm Aus. In der zweiten Runde gegen den Italiener Stefano Pescosolido wehrte er sogar vier Matchbälle ab. Im Achtelfinale fegte er den Südafrikaner Neville Godwin vom Platz, der in der Runde zuvor von der verletzungsbedingten Aufgabe von Boris Becker profitierte.

Radulescu stand plötzlich im Rampenlicht als neuer deutscher Tennisstar. Die Viertelfinalteilnahme sicherte ihm auch gleichzeitig den lebenslangen Zutritt zum elitären Last-Eight-Club in Wimbledon, der in Kapitel 57 thematisiert wird. Ein Club, in den nur Spieler Zugang haben, die in Wimbledon im Einzel in die Runde der letzten Acht vorgestoßen sind. Am 4. Juli 1996 traf Radulescu im Viertelfinale auf den ungesetzten US-Amerikaner MaliVai Washington, ebenfalls eine Turnierüberraschung.

Der Deutsche schien seinen Traumlauf auf dem heiligen Rasen fortzusetzen. Er führte mit 2:1 in den Sätzen und hatte beim Stand von 6:5 im vierten Satz sogar zwei Matchbälle, die er jedoch nicht nutzen konnte. Es ging in den fünften Satz, in dem es zur Szene des Turniers kam. Beim Stand von 4:4 wurde ein Schmetterball von Washington aus gegeben. Doch Radulescu revidierte die Entscheidung und sprach seinem Gegner in dieser brenzligen Spielphase den Punkt zu. Wenige Minuten später ging der Deutsche als Verlierer vom Platz.

Washington war anschließend völlig baff über das Verhalten von Radulescu. „Das war die größte Geste von Fairness, die ich jemals bei einem Profisportler erlebt habe. Nach dem Match habe ich ihm gesagt, dass er das nicht hätte tun müssen, nicht viele andere hätten das getan", kommentierte er. Radulescu erhielt für seine Sportlichkeit von der Olympischen Gesellschaft die Fair-Play-Plakette. Für Radulescu war seine faire Aktion keine große Sache. Er gab zu, dass ihn sonst das schlechte Gewissen geplagt hätte und er bestimmt einen anderen Ball verschlagen hätte.

„Natürlich denke ich manchmal daran, was gewesen wäre, wenn ich den Matchball gegen Washington im Viertelfinale verwandelt hätte", erzählte er später dem *tennis MAGAZIN*. An seinen großen Erfolg in Wimbledon 1996 konnte Radulescu nicht anknüpfen. Ein Jahr später erreichte er in Chennai sein einziges Finale auf der ATP-Tour sowie mit Platz 51 sein bestes Ergebnis in der Weltrangliste. Der Name Alexander Radulescu wird aber mit einer der größten Fair-Play-Aktionen im Tennis auf immer verbunden bleiben.

87. Warum wollte Maria Sharapova ihren Namen ändern?

Im Februar 2020 verkündete Maria Sharapova ihren sofortigen Rücktritt vom Profitennis. Mit Sharapova verließ eine der schillerndsten Persönlichkeiten, die es im Tennis gegeben hat, die Bühne. Die Russin ist weiterhin als Vermarktungsikone omnipräsent.

Vor dem US-Open-Turnier 2013 sorgte Sharapova mit einer skurrilen Aktion für großes Aufsehen. Denn die damals 26-Jährige wollte für die Zeit des Grand-Slam-Turniers in New York ihren Nachnamen in „Sugarpova" umändern. Ein Jahr zuvor hatte Sharapova ihre Süßigkeitenmarke „Sugarpova" auf den Markt gebracht. Das Firmenlogo mit den roten Lippen sollte zudem das Outfit der Russin beim Grand-Slam-Turnier in New York zieren. Sharapova beantragte beim Obersten Bundesgericht in Florida die Änderung ihres Nachnamens in Sugarpova für die Dauer der US Open. Nach dem Turnier wollte sie dann wieder zu ihrem üblichen Namen zurückkehren.

Kurz nachdem die Aktion öffentlich wurde, nahm die Russin aber Abstand von ihrer Idee, die man als kühnen Marketinggag bezeichnen kann. Ihr langjähriger Manager Max Eisenbud, der auch Geschäftsführer bei Sugarpova ist, verkündete, dass die Schwierigkeiten für eine kurzzeitige Namensänderung zu groß waren. Die Russin lebt zwar seit ihrer Jugend in den USA und besitzt eine Green Card, hätte aber möglicherweise zu einer Anhörung gemusst. Außerdem hätte sie sich einem Background-Check unterziehen müssen, bei dem auch Fingerabdrücke von ihr genommen worden wären.

„Wir haben es wirklich in Betracht gezogen. Bei ‚Sugarpova' geht es darum, Spaß zu haben. Wir wollen nicht das traditionelle, langweilige Marketing einer Reklametafel machen. Ich finde, dass man neue und spaßige Sachen ausprobieren sollte", sagte Eisenbud damals.

Die Wörter „Game, Set and Match, Sugarpova" hätte es ohnehin nicht bei den US Open 2013 zu hören gegeben. Denn Sharapova musste wenig später, nachdem sie den Namenswechsel verworfen hatte, ihre Teilnahme an den US Open wegen einer Schulterverletzung zurückziehen.

88. Warum hat die Zahl 0 eine große Bedeutung für Roger Federer und Rafael Nadal?

Roger Federer und Rafael Nadal sind unbestritten die bedeutendsten Tennisspieler der Neuzeit. Die beiden Ikonen gehören über ihre Sportart hinweg zu den populärsten Athleten.

Sowohl für Federer als auch für Nadal hat die Zahl 0 in ihren Tenniskarrieren eine große Bedeutung. Ein Match mit null unerzwungenen Fehlern zu beenden, ist selbst für Federer und Nadal nahezu unmöglich. Allerdings hat die Null in zwei Statistiken eine besondere Aussagekraft für die beiden.

Federer gelang es, in 1.513 Matches auf der ATP-Tour (Stand: Dezember 2020) nicht ein einziges Mal aufzugeben. Es ist ein Rekord, auf den der Schweizer besonders stolz ist, da es auch ein Zeichen dafür ist, wie umsichtig er mit der Planung seiner Karriere umgegangen ist. „Für mich ist es schockierend, so viele Aufgaben zu sehen. Egal, wie schlecht ich mich im Match fühle, versuche ich alles, denn man weiß nie, was passieren wird", sagte Federer über seine spezielle Statistik, nie ein Match aufgegeben zu haben.

Auch Nadal mag die Zahl Null. Der Spanier ist als feuriger Spieler auf dem Platz bekannt, hat aber seinen Ärger im Griff. Dies hat dazu geführt, dass Nadal weder im Match noch im Training – als Profi und als Junier – anders als fast alle Kollegen noch nie einen Schläger zerstört hat. „Meine Familie hätte es mir nicht erlaubt, einen Schläger zu zerstören. Das Zerstören eines Schlägers bedeutet für mich, dass ich nicht meine Emotionen kontrollieren kann", sagte der Spanier, der zu guten Manieren auf und abseits des Platzes erzogen wurde und diese verinnerlicht hat.

89. Warum baute sich Ivan Lendl seinen eigenen Rasenplatz?

Ivan Lendl war der Prototyp des Tennisspielers, der nichts dem Zufall überließ. Das Arbeitsethos des gebürtigen Tschechoslowaken war herausragend. Lendl ordnete alles seinem sportlichen Erfolg unter und bereitete sich akribisch auf jedes Turnier und jedes Match vor. Seinem Spitznamen „Ivan, der Schreckliche" wurde er zumindest auf dem Platz voll gerecht.

„Wisst ihr, was der Name Lendl für mich bedeutet? Hingabe, harte Arbeit, alle zu überwinden, obwohl er nicht das Talent der anderen Spieler hatte. Ich bewundere ihn ungemein", sagte einst Pete Sampras über das Phänomen Lendl. Obwohl Lendl fast alles im Tennis abräumte, was es zu gewinnen gab, biss er sich bei der Jagd nach der prestigeträchtigsten Trophäe im Tennis die Zähne aus – dem Wimbledon-Pokal.

„Gras ist nur was für Kühe", sagte Lendl zu aktiven Zeiten über den Rasenbelag im Tennis, obwohl er auf dem grünen Untergrund ziemlich erfolgreich war. Es steckte wohl auch ein wenig Verbitterung in den Worten, denn Lendls großer Traum vom Wimbledon-Sieg ging nie in Erfüllung. 94 Turniersiege, davon acht bei den Grand Slams, dazu 270 Wochen die Nummer eins der Welt. Lendl legte eine Traumkarriere hin, aber in Wimbledon war immer alles wie verhext. 14 Anläufe unternahm Lendl, um dennoch immer enttäuscht abzureisen. Er ließ sogar zweimal die French Open aus, um sich besser auf Wimbledon vorzubereiten.

Es ging sogar die Anekdote um, dass sich Lendl einen Rasenplatz in seinen Garten in seinem Haus im US-Bundesstaat Connecticut bauen ließ, um Wimbledon endlich zu gewinnen. Ob Lendl das tatsächlich getan hat, ließ er stets unkommentiert. Gesichert ist auf jeden Fall, dass er sich einen Platz mit dem exakten Bodenbelag bei den US Open in seinem Garten verlegen ließ. „Bis ich gewinne oder sterbe", sagte Lendl auf die Frage, wie lange er es versuchen wolle, Wimbledon zu gewinnen. Doch alle Anstrengungen halfen nichts. 1986 und 1987 stand Lendl in Wimbledon im Endspiel. Gegen Boris Becker und Pat Cash verlor er jeweils in drei Sätzen.

Lendl ging in die Tennisgeschichte, wie andere Spieler auch, als unvollendeter Grand-Slam-Champion ein. Nach seiner Karriere nahm Rasen eine große Rolle beim US-Amerikaner ein – als passionierter Golfer.

90. Welchen unrühmlichen Rekord hält Carsten Arriens?

Tennisfans haben Carsten Arriens wohl eher als Trainer im Gedächtnis denn als Spieler. Zwei Jahre lang war Arriens Davis-Cup-Kapitän von Deutschland. Inzwischen ist er der Trainer von Jan-Lennard Struff. Wer Arriens vor allem als Davis-Cup-Kapitän erlebt hat, der sah einen ruhigen und besonnenen Zeitgenossen: ein Typ der leisen Töne.

Als Spieler zeigte sich Arriens von seiner anderen Seite. Der Deutsche hält einen unrühmlichen Rekord und wurde in seiner Profikarriere insgesamt neunmal in einem Match disqualifiziert. Die bekannteste Disqualifikation ereignete sich in der ersten Runde bei den French Open 1995.

Nachdem Arriens den Satzausgleich gegen den Neuseeländer Brett Steven kassiert hatte, warf er seinen Schläger ins Netz und bekam dafür eine Verwarnung. Direkt im Anschluss warf er seinen Schläger in Richtung Stuhl und traf dabei den Linienrichter am Knöchel. Schiedsrichter Andreas Egli rief daraufhin den Oberschiedsrichter, der ebenfalls zum Schluss kam, dass Arriens disqualifiziert werden sollte. Es war damals erst die dritte Disqualifikation eines Spielers bei einem Grand-Slam-Turnier. Es war die dritte Disqualifikation in der Karriere des Deutschen.

Doch der Vorfall auf der großen Bühne bei den French Open war keine Lehre für den Heißsporn. Alleine in seinem letzten vollen Profijahr, im Jahr 1999, wurde Arriens fünfmal während eines Matches disqualifiziert, sogar bei zwei Matches in Folge. Außerdem hielt er lange Zeit den Rekord für die schnellste Niederlage im Profitennis. Beim ATP-Turnier in Sydney im Jahr 1996 verlor Arriens nach nur 29 Minuten gegen Greg Rusedski.

Der Deutsche sorgte aber auch für positive Schlagzeilen auf der ATP-Tour. Auch wenn er es in der Weltrangliste nur bis auf Platz 109 schaffte, konnte Arriens sogar einen ATP-Titel gewinnen – 1992 bei der letzten Ausgabe des ATP-Turniers in Guaruja (Mexiko). Als Trainer hat der Deutsche von seinen Wutausbrüchen als aktiver Spieler gelernt und hat mit seiner besonnenen Art als Coach einen guten Einfluss auf seine Schützlinge.

91. Wie knackte Andre Agassi den Boris-Becker-Code?

Auch wenn Andre Agassi und Boris Becker nie ein Grand-Slam-Finale bestritten haben, bot ihre Rivalität reichlich Zündstoff. Denn die beiden mochten sich zu ihrer aktiven Zeit nicht sonderlich. Becker hatte mit der Spielweise von Agassi auf dem Platz große Probleme. Zwar gewann der Deutsche die ersten drei Duelle – zwei davon mit großer Mühe –, doch dann siegte Agassi in zehn der letzten elf Matches. Nach seiner Karriere enthüllte Agassi in seiner Biografie *Open* sein Erfolgsrezept.

Bei den US Open 2010 verriet er, wie er den Boris-Becker-Code knackte. „Boris Becker hat mich in unseren ersten drei Begegnungen besiegt. Mit einem Aufschlag, den man bis dahin noch nie gesehen hatte. Ich habe mir immer wieder Videos angeschaut und entdeckt, dass er eine seltsame Angewohnheit hatte. Ohne Witz. Wenn er den Ball hochwarf, streckte er jedes Mal seine Zunge heraus. Aber mit einer Besonderheit. Wenn er sie geradeaus herausstreckte, schlug er den Ball in die Mitte oder auf deinen Körper. Zeigte sie nach links, bedeutete dies etwa von der rechten Seite des Spielfelds aus, dass er den Ball so nahe wie möglich an die Seitenfeldbegrenzung setzte", schilderte Agassi.

Der US-Amerikaner wollte aus seinem Wissen aber nicht ständig Kapital schlagen, um schnell aufzufliegen. „Es war schwer. Ich musste der Versuchung widerstehen, jedes Mal den Ball zu returnieren und mir die Augenblicke im Spiel heraussuchen, in denen das Match auf der Kippe stand", sagte er weiter. Agassi behielt sein Geheimnis lange für sich. „In der Umkleidekabine habe ich einmal mit Freunden im Fernsehen eine Pressekonferenz von Becker gesehen. Er schrie zu den deutschen Journalisten: ‚Es ist so, als würde er meine Gedanken lesen.' Und ich hatte Lust, ihm zu sagen: ‚Nein, Boris, es ist deine Zunge.'"

Erst während des Grand Slam Cups 1998 in München, als Beckers Karriere schon fast zu Ende war, offenbarte Agassi auf dem Münchener Oktoberfest bei einer Maß Bier seinem deutschen Rivalen das Geheimnis. „Ich konnte mich nicht länger zurückhalten und fragte ihn: ‚Wusstest du, dass du selbst deinen Aufschlag verraten hast?' Er wäre fast vom Stuhl gekippt und sagte: ‚Ich bin damals immer nach Hause gekommen und habe meiner Frau gesagt, das ist so, als er ob meine Gedanken liest. Ich hatte keine Ahnung, dass du meine Zunge liest'", erzählte Agassi.

Ob der US-Amerikaner tatsächlich einige Meter entfernt auf der anderen Seite des Platzes die Zungenbewegung von Becker genau erkennen konnte, darf allerdings auch bezweifelt werden. Auf jeden Fall ist es eine nette Anekdote, die der Tennissport geschrieben hat. Auch Becker griff in die Trickkiste gegenüber Agassi. Nachdem er achtmal in Folge gegen Agassi verloren hatte, war er im Wimbledon-Halbfinale 1995 gegen den US-Amerikaner erneut auf dem verlorenen Posten.

Das Match verlief zunächst völlig einseitig. Agassi führte Becker auf dem Centre Court in Wimbledon vor: Es stand 6:2, 4:1 – mit Doppelbreak. „Er spielte mit mir. Das war peinlich für mich", erzählte Becker. Um ihn mental besiegen zu können, schmiedete der Deutsche einen Plan. „Ich musste schnell etwas ändern. Ich dachte: Wie unterbreche ich seinen Flow? Wie bringe ich ihn dazu, sich zu fragen, was der andere Typ macht? Ich sah zu seiner wunderschönen Frau Brooke Shields in seiner Loge. Ich fing an, mit ihr zu flirten. Das Publikum wusste das nicht, Ich warf ihr Küsse zu und war charmant zu ihr. Und als ich merkte, dass ihn das auf die Palme brachte, machte ich direkt weiter vor seiner Nase. Das mag gar kein Mann, schon gar nicht im Wimbledon-Stadion. Wer würde es wagen, das zu tun? Ich wagte es."

Beckers Plan ging voll auf. „Und plötzlich stand Andre total neben sich. Von einem Spiel zum anderen konnte er nicht mehr spielen", sagte Becker. Der Deutsche siegte mit 2:6, 7:6 (7:1), 6:4, 7:6 (7:1) und zog ins Wimbledon-Finale ein. Eine weitere besondere Anekdote in der Rivalität zwischen Agassi und Becker.

92. Warum trug Andre Agassi ein Toupet?

Andre Agassi lüftete nach seiner Karriere nicht nur, wie er den Boris-Becker-Code knackte, sondern auch, dass er jahrelang mit einem Toupet spielte. Bei den Australian Open 1995 verblüffte Agassi die Tenniswelt, als er nicht nur bei seinem ersten Auftritt in Melbourne sofort den Titel holte, sondern auch mit einem kahlrasierten Schädel spielte. Seine damalige Frau, die Schauspielerin Brooke Shields, hatte ihm dazu geraten. Für Agassi muss dies wie ein Befreiungsschlag gewesen sein.

Denn nur wenige wussten, dass die Löwenmähne, mit welcher der US-Amerikaner berühmt wurde, keine richtige war. Denn Agassi litt, wie er in seiner Biografie *Open* beschrieb, schon in jungen Jahren unter Haarausfall. „Jeden Morgen finde ich einen weiteren Teil meiner Identität auf dem Kopfkissen, im Waschbecken, im Abfluss", schrieb er über seinen Haarausfall. Für ihn gab es nur eine Lösung: Ein Toupet musste her.

Mit 20 Jahren spielte Agassi bei den French Open 1990 um seinen ersten Grand-Slam-Titel. In das Finale gegen den Ecuadorianer Andres Gomez ging er als klarer Favorit. Doch es passierte ein Missgeschick. „Am Abend vor dem Finale stehe ich unter der Dusche und spüre plötzlich, wie das Haarteil in meinen Händen auseinanderfällt. Wahrscheinlich habe ich die falsche Haarspülung benutzt." Sein Bruder Philly kam auf die Idee, die verbliebenen Restbestände auf dem Kopf festzutackern. 20 Haarklammern brauchte es für diese Prozedur. Sein Bruder riet ihm, sich im Finale nicht allzu viel zu bewegen. Agassi war in Panik. Die Aussicht auf seinen ersten Grand-Slam-Titel war ihm nicht so viel wert wie sein aufgebautes Image als Paradiesvogel.

„Natürlich könnte ich ohne mein Haarteil spielen. Aber was würden die Journalisten schreiben und sagen, wenn sie plötzlich herausbekämen, dass ich die ganze Zeit ein Haarteil trage?", schilderte Agassi nach seiner Karriere diese haarige Situation. Der US-Amerikaner betete vor dem Spiel: „Nicht nur um den Sieg, sondern darum, dass mir das Haarteil nicht vom Kopf fällt."

Im French-Open-Finale gegen Andres Gomez war Agassi mehr mit seinen Gedanken über sein Toupet beschäftigt als mit seinem Gegner. „Bei jedem Ausfallschritt, bei jedem Sprung stelle ich mir vor, wie es im Sand landet. Ich stelle mir vor, wie ein Aufschrei durch die Menge geht, wie Millionen von Zuschauern näher an den Fernseher heranrücken, einander mit großen Augen ansehen und sich in Dutzenden Sprachen und Dialekten fragen: Sind Andre Agassi etwa die Haare vom Kopf gefallen?"

Agassi verlor das Finale gegen Gomez in vier Sätzen, aber zumindest das Toupet blieb auf dem Kopf. Mit dem Toupet gewann er beim Wimbledon-Turnier 1992 seinen ersten Grand-Slam-Titel. Ende 1994 entschied er sich schließlich, die Haare abzurasieren. Seitdem trägt Agassi eine Glatze. Das Toupet sei für ihn wie „eine Fessel" gewesen, gestand er in seiner Biografie. „Mein lächerlich langes, in drei verschiedenen Farben gefärbtes Haar war wie die Eisenkugel, die daran hing", schrieb er.

Als Glatzkopf spielte sich Agassi schließlich noch mehr in die Herzen der Tennisfans als zuvor als Paradiesvogel mit Löwenmähne.

93. Warum wurde Guillermo Vilas nie die Nummer eins der Welt?

Wenn es darum geht, den besten Spieler zu benennen, der in der Geschichte des Profitennis nie die Nummer eins in der Weltrangliste war, dann fällt als Allererstes immer sein Name: Guillermo Vilas. Vier Grand-Slam-Titel, vier weitere Grand-Slam-Finals, insgesamt 62 Karrieretitel, 49 davon auf Sand. Die Erfolgsbilanz des Argentiniers liest sich prima. Vilas ist ein Volksheld in Argentinien und war einer der größten Sympathieträger im Tennis. Der „Young Bull of the Pampas", wie er liebevoll genannt wurde, war bekannt für seine Fairness auf dem Platz und hatte die Sensibilität eines Poeten. Die Erfolge von Vilas führten zu einem Tennisboom in ganz Südamerika. Spätere Weltklassespieler wie Guillermo Canas und Guillermo Coria wurden nach ihm benannt.

Trotz aller Erfolge wurde Vilas nie die Nummer eins der Welt. Er musste sich seit Einführung der ATP-Weltrangliste am 23. August 1973 mit Platz zwei begnügen. Insgesamt 69 Wochen war der Argentinier die Nummer zwei der Welt. In seinem besten Jahr, 1977, gewann er 16 Titel, darunter die French Open und die US Open. Er erreichte zudem das Finale bei den Australian Open und übernahm dennoch zu keinem Zeitpunkt die Weltranglistenführung. Jimmy Connors wurde stets vor Vilas gelistet. Das lag unter anderem an dem damaligen komplizierten Weltranglistensystem und an der Tatsache, dass die ATP nicht wie heute wöchentlich, sondern damals nur sporadisch eine aktuelle Weltrangliste veröffentlichte.

Rückblickend hält Vilas es für eine Ungerechtigkeit, dass er nie die Nummer eins der Welt wurde. Der argentinische Journalist Eduardo Puppo hat es sich zur Lebensaufgabe gemacht, mit seinen aufwendigen Recherchen dafür zu sorgen, dass Vilas nachträglich zur Nummer eins erklärt wird. Puppo begann mit seinen Untersuchungen, als die WTA im Jahr 2007 anhand zunächst fehlender Dokumente feststellte, dass die Australierin Evonne Goolagong im Jahr 1976 für eine Zeitspanne von zwei Wochen als Nummer eins der Welt vor Chris Evert hätte platziert sein müssen. Der Journalist ging somit auf die Suche, ob dies auch bei Vilas der Fall sein könnte und wurde nach eigenen Angaben fündig.

Heutzutage wird das ATP-Ranking jede Woche bestimmt. Doch in den Anfangszeiten war es anders. So wurde die Weltrangliste im Jahr 1974 nur elfmal und im Jahr 1975 nur 13-mal veröffentlicht. Puppo stellte mit einem kleinen Team über 13 Jahre hinweg fast 1.100 Seiten an Analysematerial mit Statistiken, Tableaus von Turnieren und Zeitungsartikeln zusammen und zog daraus den Schluss, dass Vilas im Jahr 1975 für insgesamt fünf Wochen, beginnend am 22. September, als Nummer eins der Weltrangliste vor Jimmy Connors hätte platziert sein müssen sowie in den ersten beiden Wochen des Jahres 1976.

Bevor die ATP die Weltrangliste einführte, gab es nur eine Jahresendrangliste, und das meist auf subjektiver Basis von Verbänden und Medien. Laut ATP-Offiziellen, die bei der Einführung der Weltrangliste dabei waren, war das Hauptziel, nicht die Nummer eins zu bestimmen, sondern ein verlässliches Entry System zu schaffen, also welche Spieler für bestimmte Turniere spielberechtigt sind. Das ATP-Ranking basierte damals zudem auf einer Methode, welche die durchschnittlichen Resultate der Spieler erfasste. Demnach waren Vielspieler, wie Vilas einer war, im Nachteil. Obwohl der Argentinier im Jahr 1977 insgesamt 130 Matches und insgesamt 16 Turniere gewann, wies das ATP-Ranking ihn nicht als Nummer eins aus.

Puppo stellte bei der ATP einen offiziellen Antrag, dass Vilas nachträglich zur Nummer eins erklärt werden müsste. Vilas selbst unterstützte diesen Antrag. Die ATP nahm die Recherchen von Puppo zur Kenntnis und musste sogar eingestehen, dass Vilas drei weitere ATP-Titel auf Sand gewann, als ursprünglich gelistet wurde, doch beim Thema Nummer eins der Weltrangliste blieb die ATP hart. Der Antrag wurde abgelehnt und Vilas nicht nachträglich zur Nummer eins erklärt. Der damalige ATP-Präsident Chris Kermode begründete es damit, dass sonst eine Kettenreaktion in Form eines Präzedenzfalles in Gang gesetzt worden wäre.

Das Argument, dass die WTA im Fall Evonne Goolagong ihre Rangliste korrigierte, wischte Kermode beiseite, da eine bestehende Rangliste wegen Fehlern korrigiert wurde, nicht eine neue erstellt wurde. „Es fehlten bei der WTA, anders als bei uns, ein paar Aufzeichnungen." Kermode führte an, dass die Veränderung einer früheren Rangliste zu viele Nebeneffekte haben würde. Denn wenn die Rangliste anders gewesen wäre, wäre auch die Setzliste anders gewesen, was zu einem völlig anderen Turnierverlauf geführt hätte.

„Wir können diese Version nicht als offizielle Geschichte bezeichnen, denn sonst würde jeder kommen und dasselbe sagen. Wo hört man dann auf?", erklärte Kermode. Für Puppo und Vilas ist die Begründung nicht nachvollziehbar. Der Streaminganbieter *Netflix* hat den Stoff um die Suche nach Gerechtigkeit im Fall Vilas in einer Dokumentation verarbeitet. Der Titel: *Guillermo Vilas – Eine Richtigstellung*.

Zwar hat Journalist Puppo mit seinem Rechercheteam den Kampf um die nachträgliche Anerkennung der Nummer eins bis heute nicht aufgegeben, doch es scheint als sehr wahrscheinlich, dass Guillermo Vilas als einer der besten Nummer-zwei-Spieler in die Tennisgeschichte eingehen wird – wenn nicht als bester.

94. Warum scheiterte das Comeback von Björn Borg?

Elf Grand-Slam-Titel, darunter fünf Wimbledon-Siege in Folge, 66 Karrieretitel, 109 Wochen die Nummer eins der Welt, eine Siegquote von 84,1 Prozent – all das bereits im Alter von 25 Jahren. Björn Borg hätte als erfolgreichster Tennisspieler in die Annalen eingehen können, wenn er nicht völlig überraschend mit 26 Jahren seine Karriere beendet hätte. Am 23. Januar 1983 schockte Borg die gesamte Sportwelt mit der Verkündung seines Rücktritts.

„Ich kann nicht hundert Prozent geben. Und wenn ich das nicht tun kann, wäre es nicht fair mir selbst gegenüber, weiterzumachen. Tennis sollte Spaß machen, wenn du auf dem Weg an die Spitze bist. Ich fühle diese Lust aber nicht mehr. Deshalb höre ich auf", erklärte Borg in der schwedischen Zeitung *Kvallposten*. Zwar spielte der Schwede innerhalb 18 Monate nach seiner Rücktrittsverkündung noch zwei Turniere, doch mit dem Ende seiner Karriere meinte er es tatsächlich ernst.

Der kühle Borg hatte zuvor mit seiner beidhändigen Rückhand und einer neuen Griffart den Tennissport revolutioniert und zudem dafür gesorgt, dass dieser einen regelrechten Boom erfuhr. Wo Borg spielte, war stets ein Massenauflauf an Fans. Auf dem Platz war der Schwede die Ruhe in Person und erspielte sich den Spitznamen „Iceborg". Doch so still und cool, wie sich Borg auf dem Platz gab, war er in Wirklichkeit nicht.

„Ich war nie so kalt, wie es schien. Das war nur Schauspielerei. Ein Schauspiel, das ich perfekt spielte. Es war Teil meiner Waffenkammer. Ich dachte, wenn meine Gegner nicht wissen, wie ich mich richtig fühlte im Inneren, dann wäre ich unbesiegbar", gestand Borg nach seiner Karriere. Er wurde Geschäftsmann und ist bis heute unter anderem Namensgeber für eine schwedische Kleidungs- und Parfümmarke.

Doch nach einigen Jahren der Abwesenheit vom Tennissport juckte es Borg wieder in den Fingern. Nach siebenjähriger Turnierpause gab der Schwede am 23. April 1991 beim Heimturnier in Monte Carlo sein Comeback. Borg war zu diesem Zeitpunkt 34 Jahre alt. Das Comeback des stillen Schweden wurde zum riesengroßen Sportereignis. Mit seinem alten Holzschläger und seinem Markenzeichen, dem Stirnband, betrat der Schwede unter den Augen der Weltöffentlichkeit den Sandplatz von Monte Carlo.

Das Comebackmatch ging in die Hose. 2:6, 3:6 gegen den Weltranglisten-52. Jordi Arrese aus Spanien, so lautete das nackte Ergebnis. „Ich weiß, dass die Leute hohe Erwartungen an mich haben. Aber ich setze mich nicht so sehr unter Druck. Ich genieße wieder den Wettkampf. Ich bin bereit, weiterzumachen. Hoffentlich kann ich länger in Turnieren bleiben", sagte Borg nach der Niederlage. Der Schwede wurde für sein Comeback belächelt.

Der spöttische Kommentar von Ion Tiriac, damaliger Manager von Boris Becker. „Jordi Arrese hat noch nie so schlecht gespielt." Das war es zunächst mit dem Comeback des Schweden. Erst ein Jahr später, im April 1992, spielte Borg wieder ein Profimatch. Und er hielt weiterhin an seinem alten Holzschläger fest. Beim Sandplatzturnier in Nizza unterlag er in der ersten Runde dem Franzosen Oliver Delaitre mit 5:7, 2:6. „Die wichtigste Sache ist, wieder Punkte und Matches vor Publikum zu spielen", sagte Borg im Anschluss. Eine Woche später beim Turnier in Monte Carlo schnupperte der Schwede am Satzgewinn gegen den Südafrikaner Wayne Ferreira.

Auch seine weiteren sieben Matches im Jahre 1992 gingen ohne Satzgewinn und teilweise deutlich verloren. Im Jahr 1993 spielte Borg zwar besser, aber alle drei Matches, zu denen er antrat, verlor er in drei Sätzen. Am 9. November 1993 trat der Schwede zu seinem letzten Match an. In Moskau stand er dem Russen Alexander Volkov, damals Nummer 17 der Welt, gegenüber. Borg war ganz dicht dran, erstmals seit 1983 wieder ein Match auf der ATP-Tour zu gewinnen. Der Schwede hatte im Tiebreak des dritten Satzes einen Matchball – doch es reichte nicht zum Sieg.

„Heute war das beste Match, seit ich zum Tennis zurückgekehrt bin. Es war das erste Mal, dass ich seit dem Comeback Spaß hatte, weil ich in drei Sätzen ziemlich gutes Tennis gespielt habe. Ich bin einfach froh, dass ich ein gutes Match auf der Tour gespielt habe", sagte Borg und erklärte kurz darauf seinen endgültigen Rücktritt. Borg verdarb sich durch sein völlig erfolgloses Comeback auch seine starke Siegquote bei Matches auf der ATP-Tour. Das Festhalten am Holzschläger verhinderte wohl ein erfolgreiches Comeback von Borg.

Als der Schwede im Jahr 1991 auf die ATP-Tour zurückkehrte, war der Holzschläger längst durch moderne Graphitschläger abgelöst. In Wimbledon spielte erstmals im Jahr 1988 kein einziger Spieler mit einem Holzschläger. Miloslav Mecir wurde im März 1989 der letzte Spieler, der ein Turnier mit einem Holzschläger gewann. Dennoch versuchte Borg sein Glück – und scheiterte. „Ich habe andere Schläger getestet, aber ich fühle mich besser mit meinem alten. Viele behaupten, dass es unmöglich sei, heutzutage mit einem Holzschläger zu spielen. Ich weiß, dass es möglich ist", sagte Borg kurz nach seinem Comeback im Jahr 1991.

Die großen Fragen bleiben: Was wäre für Borg beim Comeback möglich gewesen, wenn er auf seinen Holzschläger verzichtet hätte? Und wie viele große Titel hätte Borg noch gewonnen, wenn er nicht mit Mitte 20 seine Karriere das erste Mal beendet hätte?

95. Warum boykottierten die Williams-Schwestern das Turnier in Indian Wells?

Das Turnier in Indian Wells ist nach den vier Grand-Slam-Turnieren und der ATP- und WTA-Weltmeisterschaft das bedeutendste Tennisturnier der Welt. Wenn man sich die Teilnehmerliste in der kalifornischen Wüste anschaut, dann fällt auf, dass zwei ganz große Namen der Tennisszene jahrelang fehlten: Serena Williams und Venus Williams. Zwischen 2002 und 2014 boykottierte Serena Williams das Turnier in Indian Wells. Venus Williams hielt ihren Boykott von 2002 bis 2015 aufrecht. Aber warum spielten die Williams-Schwestern in Indian Wells, bei einem der beliebtesten Turniere unter den Spielern, jahrelang nicht mit?

Am 17. März 2001 kam es zum Finaleklat in Indian Wells, als Serena Williams im Finale gegen Kim Clijsters antrat. Im vorherigen Halbfinale wäre es zum Duell zwischen den beiden Williams-Schwestern gekommen. Doch Venus Williams zog wenige Minuten vor Spielbeginn wegen einer Sehnenentzündung zurück. Die Medien bekräftigten nach dem kampflosen Halbfinalsieg von Serena Williams ihren Verdacht, dass Vater Richard Williams den Ausgang der Duelle seiner Töchter vorher festlegen würde.

Als Serena Williams dann zum Finale antrat, wurde sie von einem Teil der Zuschauer ausgebuht. Trotz der Buhrufe siegte Williams im Endspiel gegen Clijsters mit 4:6, 6:4, 6:2. „Zu Beginn war ich etwas schockiert. Ich habe zu Gott gebetet, mir dabei zu helfen, stark zu sein. Nicht, dass ich gewinne, aber stark genug zu sein, nicht auf das Publikum zu hören", sagte Williams zu den Buhrufen im Finale. Viel schlimmer für die US-Amerikanerin war allerdings, dass ihr Vater Richard auf der Tribüne angeblich rassistisch beleidigt wurde. Nach diesem Vorfall zogen die beiden Williams-Schwestern ihre Konsequenzen und kündigten an, dass sie von nun an das Turnier in Indian Wells boykottieren würden.

Nach 13 Jahren Boykott kehrte Serena Williams nach Indian Wells zurück und wurde bei ihrer Rückkehr frenetisch gefeiert, woraufhin die US-Amerikanerin in Tränen ausbrach. „Das war es wert, wieder hierherzukommen und neue Erinnerungen an das Turnier zu kreieren. Ich habe mich super gefühlt auf dem Platz und mich über die Reaktionen der Fans sehr gefreut. Es fühlt sich an wie einer der größten und stolzesten Momente in meiner Karriere", sagte Williams, die beim Indian-Wells-Turnier 2015 bis ins Halbfinale kam und dann verletzungsbedingt zurückziehen musste. Ihre Schwester Venus hielt den Boykott noch ein Jahr länger aufrecht und kehrte 2016 nach Indian Wells zurück.

Die Gerüchte, dass der Ausgang der ersten Matches zwischen den Williams-Schwestern durch Vater Richard bestimmt wurde, hielten sich hartnäckig. Als es beim Wimbledon-Turnier 2000 im Halbfinale zum „Sister Act" kam, hatte die jüngere Serena bereits ein Grand-Slam-Turnier gewonnen. Venus hingegen noch nicht. Und so begannen die Medien mit der Verschwörungstheorie, dass Venus das Wimbledon-Halbfinale, das sie mit 6:2, 7:6 gewann, nur deshalb als Siegerin verließ, weil ihr Vater Richard das so wollte.

Angesprochen darauf, ob es ein Arrangement gegeben hätte, antwortete Venus knapp. „Nicht, dass ich wüsste." Etwas doppeldeutiger antwortete Serena auf eine ähnliche Frage: „Ich kann diese Frage wegen meiner Familie nicht beantworten." Ob die ersten Karrierematches zwischen den Williams-Schwestern tatsächlich abgesprochen waren, wird wohl eine nicht zu beantwortende Frage in der Tennisgeschichte bleiben.

96. Warum ist die Geschichte von Renée Richards so besonders?

Die Höhepunkte in der Karriere der Profispielerin Renée Richards sind schnell erzählt. Die US-Amerikanerin trat bei den Grand-Slam-Turnieren nur bei den US Open an und schaffte im Jahr 1979 mit dem Erreichen der dritten Runde ihr bestes Ergebnis. Trotz keines WTA-Titels in ihrer Karriere und obwohl sie nicht allzu viele Matches gewann, erreichte sie laut Aufzeichnungen der WTA in der Weltrangliste zwischenzeitlich Platz 20. All das wäre in all den Jahren im Profitennis nur eine Randnotiz wert gewesen, wenn die Geschichte von Renée Richards nicht eine besondere wäre.

Denn Richards kam nicht als Frau auf die Welt, sondern als Mann. Unter ihrem Geburtsnamen Richard Raskind wurde sie am 19. August 1934 geboren. Raskind nahm als Mann fünfmal bei den US Open teil und erreichte einmal die zweite Runde. Raskind sah sich schon immer als Frau und nannte sein weibliches Ich Renée, was im Französischen für „neugeboren" steht.

Raskind machte sich in den 1960er-Jahren Gedanken über eine Geschlechtsumwandlung, verwarf dieses Vorhaben zunächst, heiratete eine Frau und wurde Vater eines Sohnes. Im Jahr 1975 unterzog sich Raskind schließlich einer Geschlechtsoperation und wurde zu Renée Richards. Ihr großes Ziel war es nun, als Frau im Profitennis zu spielen.

Die Teilnahme an den US Open 1976 wurde ihr jedoch verweigert, da sie sich nicht einem Chromosomentest unterziehen wollte, um zweifelsfrei ihr Geschlecht zu klären. Daraufhin verklagte Richards den US-amerikanischen Tennisverband. Wenige Tage vor Beginn der US Open 1977 entschied der Oberste Gerichtshof von New York zugunsten von Richards und erlaubte ihr, am Grand-Slam-Turnier teilzunehmen.

Einige wenige Profispielerinnen rebellierten gegen die Entscheidung und kündigten an, nicht gegen Richards spielen zu wollen. So sagte Rosie Casals, mehrfache Wimbledon-Siegerin im Doppel: „Richards ist physisch gesehen immer noch ein Mann und das gibt ihr einen erheblichen und unfairen Vorteil. Das muss gestoppt werden." Casals trat zu den Duellen gegen ihre Landsfrau aber trotzdem an.

Richards gab schließlich im Alter von 43 Jahren ihr Profidebüt im Damentennis – als erste Transsexuelle. Die Auslosung meinte es jedoch nicht gut mit Richards, die in der ersten Runde gegen die Britin Virginia Wade spielen musste, die wenige Wochen zuvor in Wimbledon gewonnen hatte. Die US-Amerikanerin verlor ihr Einzel mit 1:6, 4:6, glänzte aber in der Doppelkonkurrenz. An der Seite ihrer Landsfrau Betty-Ann Dent spielte sich Richards bis ins Endspiel und verlor dort gegen das Duo Martina Navratilova und Betty Stöve.

„Ich bin ziemlich verbittert über die Leute, die sagen, dass ich dies tue, um Geld zu machen. So ist das nicht. Ich war eine ziemlich gute Ärztin, und bin eine ziemlich schlechte Profispielerin", sagte die US-Amerikanerin ein Jahr nach ihrem Debüt im Damentennis. Richards war insgesamt vier Jahre als Profispielerin aktiv. Mit 47 Jahren beendete sie ihre Karriere und nahm ihren Beruf als Augenärztin wieder auf.

Kurz nach dem Ende ihrer Karriere holte Martina Navratilova ihre ehemalige Gegnerin in ihr Trainerteam. Mit Richards in ihrem Team gewann Navratilova unter anderem zweimal den Titel in Wimbledon. Auch wenn Navratilova mit Richards freundschaftlich verbunden blieb, äußerte sie im Jahr 2019 die Meinung, dass Transgender-Athleten im Frauensport nicht erlaubt sein sollten.

„Ich bin froh, eine Transgenderperson mit ihrem gewollten Pronomen anzusprechen, möchte aber nicht im Sport gegen sie antreten. Das wäre nicht fair. Es ist wahnwitzig und es ist Betrug", sagte Navratilova und begründete es wie folgt: „Ein Mann entwickelt von Kindesalter an mehr Muskeln, eine höhere Knochendichte und mehr sauerstofftransportierende rote Blutkörperchen. Das ist nicht fair. Es muss einige Standards geben, und einen Penis zu haben und als Frau anzutreten, würde diesem Standard nicht entsprechen."

Wegen ihrer Aussagen verlor Navratilova ihre Botschafterfunktion der Organisation „Athlete Ally", die sich für Gleichberechtigung im Sport einsetzt. Nach den Aussagen von Navratilova stellten die Verantwortlichen der WTA-Tour klar, dass sie offen für Transgenderspielerinnen sind.

„Die WTA war schon immer eine Organisation, basierend auf dem Grundsatz der Gleichberechtigung und darauf, Menschen die gleichen Chancen zu ermöglichen", sagte WTA-Boss Steve Simon. Richards war als Transgenderathleten eine Pionierin im Frauensport und hat zwei Biografien über ihre Lebensgeschichte verfasst.

97. Welchen furchtbaren Schicksalsschlag musste Andy Murray verkraften?

Die Brüder Andy Murray und Jamie Murray sind der große Stolz der schottischen Stadt Dunblane. Sowohl Andy als auch Jamie gewannen Grand-Slam-Turniere und waren die Nummer eins der Welt – Andy im Einzel, Jamie im Doppel.

Am 13. März 1996 hatten die beiden Murray-Brüder den schlimmsten Tag ihres Lebens. Die beiden erlebten das Attentat in der Grundschule von Dunblane aus nächster Nähe. Die beiden waren nur wenige Meter vom Tatort entfernt, als Thomas Hamilton 16 Erstklässler und deren Lehrerin erschoss und sich anschließend selbst richtete. Über das Attentat in seiner Heimatstadt äußerte sich Andy Murray immer sehr zurückhaltend. In einem Interview mit dem Fernsehsender *BBC* sprach der Schotte im Jahr 2013 das erste Mal etwas ausführlicher über dieses furchtbare Erlebnis.

Als er über das Attentat berichtete, kämpfte er mit seinen Gefühlen und brach schließlich in Tränen aus. „Sie können sich nicht vorstellen, wie hart so etwas ist", sagte Murray. In der Dokumentation *Andy Murray: Resurfacing* äußert er sich im Jahr 2019 noch etwas ausführlicher über die dunkelste Stunde in seinem Leben. Allerdings konnte er dies nicht direkt vor der Kamera tun, sondern nur via Sprachnachricht an den Produzenten. „Ich musste mich mit der Sache, die in Dunblane passiert ist, auseinandersetzen, als ich ungefähr neun Jahre alt war. Ich bin mir sicher, das war für alle Kinder, die dabei waren, aus verschiedenen Gründen schwierig", sagte Murray.

Das Schlimme für den Schotten: Er kannte sogar den Attentäter. „Für mich kam dazu: Wir kannten den Typen, wir sind zu seinem Kinderclub gefahren, er war in unserem Auto, wir haben ihn ab und zu am Bahnhof abgesetzt." Das Attentat hinterließ Wunden in der Familie Murray. „Innerhalb eines Jahres nach dem Attentat ließen sich unsere Eltern scheiden. Das war eine schwere Zeit für uns Kinder. Das zu sehen und nicht zu verstehen, was eigentlich los war. Und ein halbes Jahr oder ein Jahr später zog auch mein Bruder Jamie aus.

Er ging weg, um in Cambridge Tennis zu spielen", schilderte Andy Murray, der bis heute eine enge Verbindung zu seinem Bruder Jamie hat. „Als er wegzog, war das sehr schwierig für mich. Ungefähr zu dieser Zeit hatte ich viele Angstzustände, die auch zum Vorschein kamen, als ich Tennis gespielt habe. In Wettkämpfen bekam ich plötzlich Atemprobleme. Mein Gefühl gegenüber dem Tennissport glich gewissermaßen einer Flucht."

Der Tennisplatz und das Tennisspiel wurden für Murray zu einer Art Ventil, um die Emotionen zu verarbeiten. „Ich habe das Gefühl, dass Tennis für mich in gewisser Weise ein Ausweg war. Denn all das sind Dinge, die ich heruntergeschluckt habe. Wir reden nicht darüber – das sind keine Sachen, die man diskutiert. Die Art, wie ich mich auf dem Tennisplatz verhalte, zeigt positive und negative Seiten meiner Persönlichkeit.

Und es zeigt Seiten, die ich hasse. Tennis erlaubt mir, das Kind zu sein, das so viele Fragen hat – deshalb ist es so wichtig für mich", erklärte Murray seine Persönlichkeit. Mit seiner Heimatstadt Dunblane ist Andy Murray eng verbunden geblieben. 2015 heiratete er in Dunblane seine Langzeitfreundin Kim Sears. Die Hochzeit fand dabei in seinem eigenen Luxushotel statt, das er ein Jahr zuvor erworben hatte.

98. Was wurde nach Boris Becker benannt?

Boris Becker. Ein Name mit Strahlkraft. Am 7. Juli 1985 spielte sich ein 17-jähriger rothaariger Bursche aus Leimen in den Tennis-Olymp. Der jüngste Wimbledon-Sieger der Geschichte mit 17 Jahren und 228 Tagen. Seitdem ist Boris Becker ein Aushängeschild im weltweiten Sport.

Zu seinen aktiven Zeiten flogen dem Deutschen die Herzen zu. Matches von Becker boten stets reichlich Drama und Emotionen. Es wirkte fast so, dass die deutschen Zuschauer nicht die Sportart Tennis guckten, sondern die Sportart Boris Becker. Mit seiner unnachahmlichen Spielweise sorgte der Deutsche dafür, dass einige Dinge nach ihm benannt wurden.

Unter anderem der Becker-Blocker – ein Rückhand-Return, der fast ohne Ausholbewegung, hart und platziert zum direkten Punktgewinn führte. Oder auch der legendäre Becker-Hecht, den der Deutsche vor allem bei seinem Lieblingsturnier in Wimbledon häufig zelebrierte. Der Becker-Hecht ist ein im Hechtsprung geschlagener Volley, mit dem er immer wieder spektakulär punktete. Nach einem erfolgreichen Becker-Hecht sowie wichtigen Punktgewinnen jubelte der Deutsche dann mit der Becker-Faust.

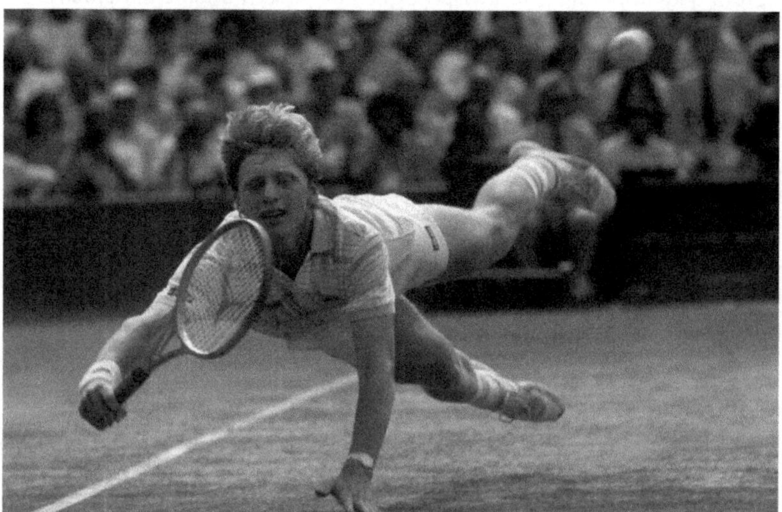

Und welches Kind kennt es nicht? Das legendäre Eis „Bum Bum" von der Marke Schöller, das im Jahr 1986 auf den Markt kam. Ein Vanille- und Erdbeereis mit einer roten Zuckerglasur und einem zuckerfreien Kaugummi-Stiel. Das „Bum Bum"-Eis soll die Optik eines Tennisschlägers darstellen. Und warum der Name „Bum Bum"? Weil Becker aufgrund seiner Aufschlagstärke auf den Namen „Bum Bum Boris" getauft wurde.

Und ausgerechnet eines der langsamsten Tiere der Erde wurde nach dem jüngsten Wimbledon-Sieger benannt. Eine im Jahr 1996 vom deutschen Biologen Manfred Parth entdeckte Meeressschnecke in den Gewässern von den Philippinen. Parth nannte die Schnecke „Bufonaria borisbeckeri". Warum? „Ich widme die neue Art Boris Becker, dem meines Erachtens größten deutschen Einzelsportler aller Zeiten."

99. Was hat Anna Kournikova mit Poker zu tun?

Wer ein geübter Pokerspieler ist und als Blatt ein Ass und einen König auf der Hand hat, der kennt diesen Spruch nur allzu gut. Ass-König bedeutet: „Sieht gut aus, gewinnt aber selten", genauso wie Anna Kournikova, die mit ihren Initialen AK der Namensgeber für diesen Spruch im Poker ist. Allerdings wird Kournikova dieser Spruch absolut nicht gerecht.

Die Russin gehörte zu den Wunderkindern im Tennis, die im Teenageralter für viel Furore sorgte, nicht nur wegen ihres Spiels, sondern auch wegen ihres Aussehens. Ein noch größeres Sexsymbol als Kournikova im Damentennis hat es bislang nicht gegeben. Die Russin ist und war sich ihrer Wirkung bewusst. „Meine Brüste sind ziemlich gut, weil sie nicht herabhängen. Sie sind fest und perfekt", erklärte sie einst. Der lang geflochtene Zopf, der beim Spielen immer wild durch die Gegend wirbelte, wurde zu ihrem Markenzeichen.

Kournikova spielte mit ihrer Unnahbarkeit: „Ich bin wie ein teures Menü. Du kannst es dir angucken, aber du kannst es dir nicht leisten." Die Männerwelt war besessen von Kournikova. Auch die männlichen Tenniskollegen konnten die Augen von der Russin nicht lassen. „Ich hasse Damentennis, aber ich würde ihr sogar zwei Stunden beim Federballspielen zuschauen", äußerte sich Wimbledon-Sieger Richard Krajicek.

Mit 13 Jahren gab Kournikova, die bei den Junioren die Nummer eins war, ihr Debüt bei den Profis, mit 14 spielte sie ihr erstes WTA-Turnier. Bei den US Open 1996 schnupperte Kournikova zum ersten Mal Grand-Slam-Luft. Sie spielte sich als 15-jährige Qualifikantin bis ins Achtelfinale vor und verlor dort gegen die spätere Siegerin und Nummer eins der Welt, Steffi Graf. Die Russin avancierte nicht nur in ihrer Heimat zum Star, sondern eroberte in den folgenden Jahren auch die ganze Welt.

Kournikova wusste, was es braucht, um sich zu inszenieren. „Du kannst nicht mehr nur einfach eine tolle Spielerin oder einfach nur eine schöne Person sein, um in diesem Spiel Erfolg zu haben. Du musst alles haben. Das Talent, das Aussehen, den Grips, die Dynamik", sagte sie bei den Australian Open 1997. Da war sie gerade einmal 15 Jahre alt. Bei ihrem Wimbledon-Debüt im Jahr 1997, kurz nach ihrem 16. Geburtstag, spielte sich Kournikova ins Halbfinale vor. Zum zweiten Mal nach Chris Evert hatte es eine Wimbledon-Debütantin so weit geschafft.

„Sie ist so sexy, wie eine 16-Jährige nur sein kann", sagte Evert über ihre Nachfolgerin. Kournikova machte den Tennisplatz zu ihrer Bühne, zu ihrem persönlichen Laufsteg. Die Russin wurde zur Tennis-Lolita, die mit ihren Reizen und ihrem Aussehen bewusst spielte und die Herzen der Männer und der pubertierenden Jungs zum Hüpfen brachte. „Die Leute fragen mich: ‚Warum musst du hübsch auf dem Platz aussehen? Warum nicht nur einfach spielen?' Aber für mich ist es wie im Theater, wann immer ich auf dem Platz stehe, da muss ich mich selbst zum Ausdruck bringen. „Warum muss ich hässlich aussehen, nur weil ich eine Athletin bin?", sagte die Russin.

Zwischen Mai 1996 und Oktober 1998 verlor Kournikova nie gegen eine in der Weltrangliste schlechter platzierte Spielerin. Im Jahr 2000 war sie die meistgesuchte Sportlerin in Internet-Suchmaschinen. Der Bekannt-

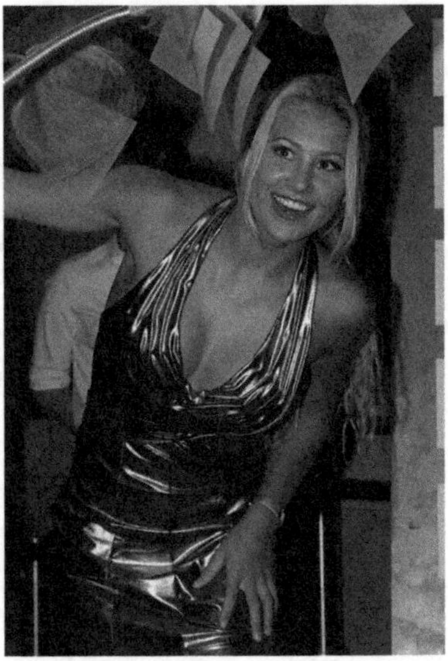

heitsgrad war dem niederländischen Programmierer Jan de Wit noch nicht groß genug, denn er programmierte 2001 einen Computervirus, der für weltweites Aufsehen sorgte, anhand eines Bildes von Kournikova. „Ich bin ein großer Fan von ihr. Sie verdient etwas Aufmerksamkeit", war die lapidare Begründung des Programmierers.

Von ihren Kolleginnen bekam Kournikova aufgrund ihrer Art Gegenwind. „Alle Spielerinnen spielen härter gegen sie, damit sie bemerkt, dass es auf dem Platz nutzlos ist, wenn man die Schönste ist. Wenn ihre Ergebnisse genauso beeindruckend sind wie ihre Schönheit, wird sie die am meisten vergötterte Spielerin in der Geschichte sein. Aber wenn sie versagt, wird das System sie zerquetschen", schrieb die Französin Natalie Tauziat in ihrem Buch *The Underside of Women Tennis* über ihre Kollegin.

In der Weltrangliste erreichte Kournikova Platz acht, aber einen WTA-Titel im Einzel gewann sie trotzdem nie. Ihre vier Finals auf der WTA-Tour gingen verloren. Dadurch, dass Kournikova nie einen Einzeltitel gewinnen konnte, wurde der Mythos einer schlechten Spielerin kreiert, die gut aussieht, aber selten gewinnt. Das traf auf die Russin aufgrund ihrer Karriere, auf die der Großteil der Spielerinnen neidisch gewesen wäre, aber keinesfalls zu. Dass sie nie einen Einzeltitel gewinnen konnte, lag auch daran, weil sie bereits im Alter von 21 Jahren ihre Karriere verletzungsbedingt beenden musste. „Wenn sie nur ein Grand-Slam-Turnier gewonnen hätte, wäre sie die bekannteste Athletin in der Welt geworden", sagte Ex-Profi Charlie Pasarell über die Russin. Eine Aussage, in der wohl einiges an Wahrheit steckt.

Denn Kournikova kann trotz ihres frühen Karriereendes im Alter von 21 Jahren auf eine bewegende Karriere zurückblicken. Wie oft musste sich Kournikova den Vorwurf anhören, dass sie keine gute Tennisspielerin sei. Doch ohne ihre sportlichen Erfolge hätte sie es nie geschafft, auch abseits des Platzes eine Berühmtheit und ein gefragtes Werbeobjekt zu werden. Platz acht in der Weltrangliste, Halbfinale in Wimbledon im Alter von 16 Jahren, Viertelfinale bei den Australian Open, vier Finals auf der WTA-Tour und drei Teilnahmen bei den WTA Championships. Die Russin ist die erfolgreichste Spielerin im Einzel, die nie einen Titel gewinnen konnte.

Kournikova war eine begnadete Einzelspielerin, was aber viele vergessen. Sie war gleichzeitig eine herausragende Doppelspielerin. Sie gewann 16 WTA-Titel, darunter zweimal die Australian Open, und war zehn Wochen die Nummer eins der Doppel-Weltrangliste. Kournikova, seit 2001 mit Popsänger Enrique Iglesias liiert und mittlerweile dreifache Mutter, ist bis heute eine gefragte Frau und ein fester Begriff in der Popkultur, sei es als Bezeichnung im Poker oder als Variation des Cocktails White Russian. Eines ist sicher: Kournikova hat im Tennis Spuren statt Staub hinterlassen, einen bleibenden Eindruck gemacht und Menschen zum Tennis geführt, die vorher mit Tennis nichts am Hut hatten.

100. Wer ist der „GOAT“?

Es ist ein äußerst beliebtes Streitthema im Tennis: die Frage nach dem „GOAT" (Greatest Of All Time). Weltweit diskutieren Experten und Fans darüber, wer denn der größte Spieler aller Zeiten ist. Eine einheitliche Meinung zu dieser Frage gibt es nicht und wird es wohl auch nie geben. Gibt es den einen „GOAT" im gesamten Tennis? Oder gibt es zwei, jeweils einen bei Damen und Herren? Und welchen Sinn hat die „GOAT"-Debatte überhaupt?

In erster Linie macht es Spaß, über diese Frage zu streiten und zu diskutieren. Die „GOAT"-Debatte ist vor allem bei den Herren eine spannende.

Fans von Rafael Nadal haben sicherlich eine völlig andere Meinung zu dieser Frage als Fans von Roger Federer oder Novak Djokovic. Zudem ist auch die Frage, welche Kriterien herangezogen werden, um den „GOAT" zu bestimmen. Sollen die Erfolge im Doppel auch mit in die Wertung einfließen? Wenn ja, haben Spieler wie John McEnroe, Roy Emerson und John Newcombe sicherlich bessere Argumente vorzuweisen als Pete Sampras. Welchen Stellenwert haben Grand-Slam-Titel, Wochen als Nummer eins, WM-Titel, Karrieresiege, Karrieretitel, Rekorde und Siegesserien bei dieser Diskussion? Es kommt erschwerend hinzu, dass man die unterschiedlichen Generationen kaum miteinander vergleichen kann. Während heute ein Großteil der Turniere auf Hartplatz ausgetragen wird, wurde früher weitaus mehr auf Rasen gespielt als heute.

Zudem war damals die Technologie bei Schlägern und Saiten noch nicht so weit fortgeschritten, sodass Ballgefühl und das Volleyspiel eine noch größere Rolle gespielt haben. Im modernen Tennis konzentriert sich die Aufmerksamkeit größtenteils auf die vier Grand-Slam-Turniere. Die Wertigkeit kleinerer Turniere war in den ersten Jahrzehnten der Profiära noch weitaus größer als heute. Die Australian Open hatten damals nicht den Stellenwert, den sie heute haben. Viele große Champions wie Björn Borg, John McEnroe und Jimmy Connors haben die Australian Open nur sehr selten gespielt. Andre Agassi trat erstmals 1995, im Alter von 24 Jahren, in Melbourne an und gewann sofort den Titel bei seiner Premiere.

Möglichweise wären zu seinen vier Australian-Open-Titeln noch weitere hinzugekommen, wenn er bereits zu Beginn seiner Karriere in Melbourne gespielt hätte. Wie verhält es sich mit den Rekorden von Borg? Der Schwede hatte mit 25 Jahren bereits elf Grand-Slam-Titel auf dem Konto. Darf er nicht als „GOAT" bezeichnet werden, weil er danach kaum noch gespielt hat? Wie sieht es mit Connors aus? Der US-Amerikaner nahm zwischen 1974 und 1978 nicht an den French Open teil, weil er einen Gerichtsprozess gegen die ATP führte. Die Verantwortlichen der French Open verweigerten Connors die Teilnahme in Paris, da er zu diesem Zeitpunkt nicht Mitglied der ATP war. So wurde ihm 1974 ein möglicher Kalender-Grand-Slam verwehrt. Und was ist mit Rod Laver, dem elfmaligen

Grand-Slam-Sieger im Einzel, der 1962 und 1969 den Kalender-Grand-Slam schaffte? Wie viele Grand-Slam-Titel hätte der Australier in seiner Bilanz stehen, wenn er zwischen 1963 und 1967 bei den Grand Slams wegen seines Status als Profi nicht gefehlt hätte? Und wie lange hätte Laver die Weltrangliste angeführt, wenn es diese zum damaligen Zeitpunkt schon gegeben hätte?

Das sind alles Fragen, die man bei dieser Debatte berücksichtigen kann. Was passiert, wenn es irgendwann ein fünftes Grand-Slam-Turnier geben sollte? Dann wird es noch schwieriger werden, die Erfolge zwischen den verschiedenen Generationen zu vergleichen. Lange Zeit war sich der Großteil der Tennisfans einig, dass Federer der „GOAT" bei den Herren ist. Doch das Pendel ist inzwischen in Richtung Nadal oder Djokovic ausgeschlagen. Für viele Federer-Fans ist der Schweizer aber weiterhin der größte Tennisspieler, bloß nicht mehr der erfolgreichste.

Bei den Damen ist die Frage nach dem „GOAT" nicht so hitzig wie bei den Herren. Margaret Court ist mit 24 Grand-Slam-Titeln im Einzel zwar immer noch die Rekordhalterin, doch die Australierin gewann elf ihrer „Major"-Titel bei den Australian Open, als noch nicht die komplette Weltelite in Melbourne spielte. Die jüngeren Tennisfans sind sich einig, dass Serena Williams ohne Wenn und Aber der „GOAT" bei den Damen ist. Ältere Tennisfans schlagen sich bei dieser Debatte eher auf die Seite von Steffi Graf und Martina Navratilova. Graf gewann in einem vergleichbaren Zeitraum mehr als Williams und stellte einige Rekorde auf. Für Navratilova spricht, dass sie nicht nur im Einzel dominierte, sondern auch im Doppel. Und was ist mit Chris Evert? Die US-Amerikanerin hat mit einer Siegquote von 90 Prozent die beste aller Spieler im Profitennis – Damen und Herren.

Eines ist gewiss: Die Suche nach dem „GOAT" wird nie enden und immer weitergehen. Aber das ist auch das Schöne daran. So haben wir auch in den nächsten Jahren immer wieder etwas zum Diskutieren.

ANHANG

1 LITERATUR

Bücher

Agassi, A. (2009). *Open*. München: Droemer Knaur.
Barschel, C. A. (2020). *Ein Jahr auf dem Court*. Aachen: Meyer & Meyer Verlag.
Becker, B. (2003). *Augenblick, verweile doch …* München: C. Bertelsmann Verlag.
Collins, B. (2010). *The Bud Collins history of tennis*. New York: New Chapter Press.
Fein, P. (2005). *You can quote me on that*. Dulles: Potomac Books.
Flink, S. (2012). *The greatest tennis matches of all time*. New York: New Chapter Press.
Goosmann, F. (2017). *111 Gründe, Tennis zu lieben*. Berlin: Schwarzkopf & Schwarzkopf.
Hodgkinson, M. (2018). *Spiel, Satz und Sieg*. München: Copress Sport.
Kaiser, U. (1992). *Sternstunden des Tennis*. München: Copress Sport.
O'Neill B. (2018). *The great book of tennis*. LAK Publishing.
Parsons, J. (2012). *The tennis book*. London: Carlton Books
Sampras, P. (2008). *A champion's mind*. New York: Random House.
Schön, D. (1993). *Tennis Lexikon*. New York: Copress Sport.
Seddon, P. (2016). *Tennis's strangest matches*. London: Pavilion Books.
Seles, M. (2009). *Getting a grip*. New York: Avery.
Stauffer, R. (2010). *Das Tennisgenie – Die Roger Federer Story*. München: Pendo Verlag.

Stauffer, R. (2019). *Roger Federer: Die Biografie.* München: Piper Verlag.

Walker, R. (2015). *On this day in tennis history.* New York: New Chapter Press.

2 BILDNACHWEIS

Covermotiv: AdobeStock

Covergestaltung: Katerina Georgieva

Lektorat: Dr. Irmgard Jaeger

Satz: zerosoft

Innenlayout: Katerina Georgieva

Fotos Innenteil: dpa: S. 26, 56, 74, 88, 111, 126, 146, 159, 186, 189

Abonnieren Sie unseren kostenlosen Newsletter unter **www.dersportverlag.de**

WISSENSWERTES ZU TRAINING UND SPIEL

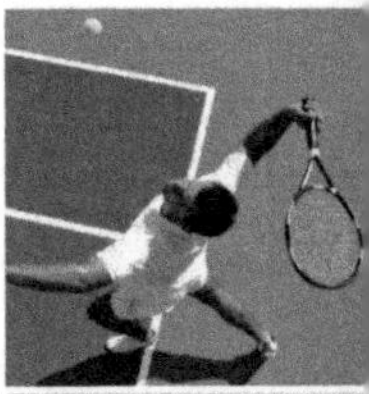

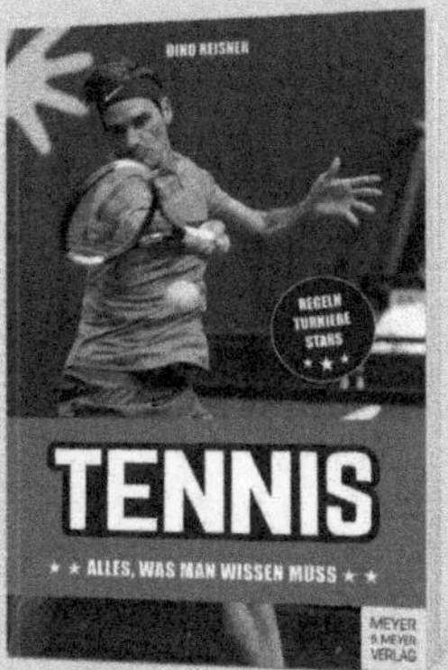

TENNIS - ALLES, WAS MAN WISSEN MUSS

208 Seiten, 16 Abb.,
2c, Paperback, 13,6 x 20,5 cm

ISBN 978-3-8403-7745-7
€ [D] 14,95/[A] 15,40

Mit *Tennis – Alles, was man wissen muss* wird das neue Standardwerk des Tennissports präsentiert. Tiefgründig recherchiert, fundiert aufbereitet und unterhaltsam erzählt, beleuchtet Dino Reisner den faszinierenden Tennissport aus zahlreichen Perspektiven und gibt dem Fan alle Informationen, die er braucht, um ein Tennisspiel in vollen Zügen zu genießen.

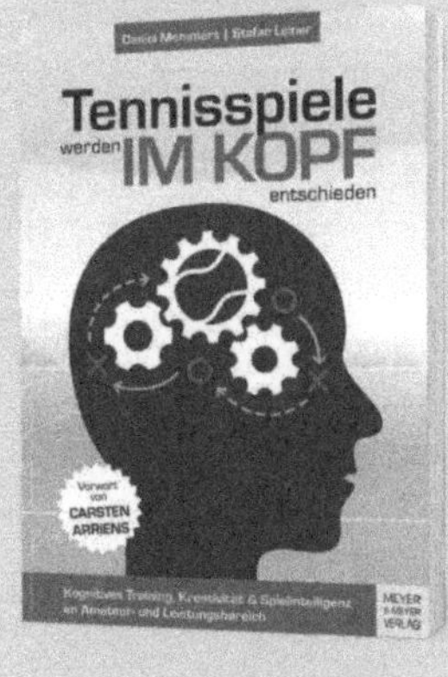

TENNISSPIELE WERDEN
IM KOPF ENTSCHIEDEN

184 Seiten, zahlreiche Ilustrationen,
4c, Paperback, 16,5 x 24 cm

ISBN 978-38403-7689-4
€ [D] 20,00/[A] 20,60

Das Buch bietet nicht nur ein theoretisches Rahmenmodell, in dem Antizipations-, Wahrnehmungs-, Aufmerksamkeits- und Gedächtnisprozesse eine Rolle spielen, sondern neben Diagnosetools erstmalig praktische Anwendungsbeispiele für die Schulung der kognitiven Fähigkeiten.

MEYER & MEYER Verlag
Von-Coels-Str. 390
52080 Aachen

Telefon 02 41 - 9 58 10 - 25
Fax 02 41 - 9 58 10 - 10
E-Mail vertrieb@m-m-sports.com
Website www.dersportverlag.de

MEYER & MEYER VERLAG